GUIDE DU BAIGNEUR
A
FOURAS
(Charente-Inférieure)

NOTICE
HISTORIQUE MÉDICALE ET HYGIÉNIQUE SUR FOURAS.
LES BAINS DE MER. — LES POISSONS
ET LES COQUILLAGES COMESTIBLES DE NOS CÔTES

PAR

le Dr E. BOUTIRON

PLAN ET GRAVURES DANS LE TEXTE

*Calendrier des marées. — Heures des trains. —
Carte des chemins de fer de l'Etat.*

ANNUAIRE COMMERCIAL, INDUSTRIEL ET MARITIME DE LA STATION

ÉDITEUR :
A. Chir... — Niort.

1896

GUIDE DU BAIGNEUR
A
FOURAS
(Charente-Inférieure)

NOTICE
HISTORIQUE MÉDICALE ET HYGIÉNIQUE SUR FOURAS.
LES BAINS DE MER. — LES POISSONS
ET LES COQUILLAGES, COMESTIBLES DE NOS CÔTES.

PAR

le Dr E. BOUTIRON

PLAN ET GRAVURES DANS LE TEXTE

Calendrier des marées. — Heures des trains. —
Carte des chemins de fer de l'Etat.

ANNUAIRE COMMERCIAL, INDUSTRIEL ET MARITIME DE LA STATION

ÉDITEUR :
A. CHIRON. — NIORT.

1896

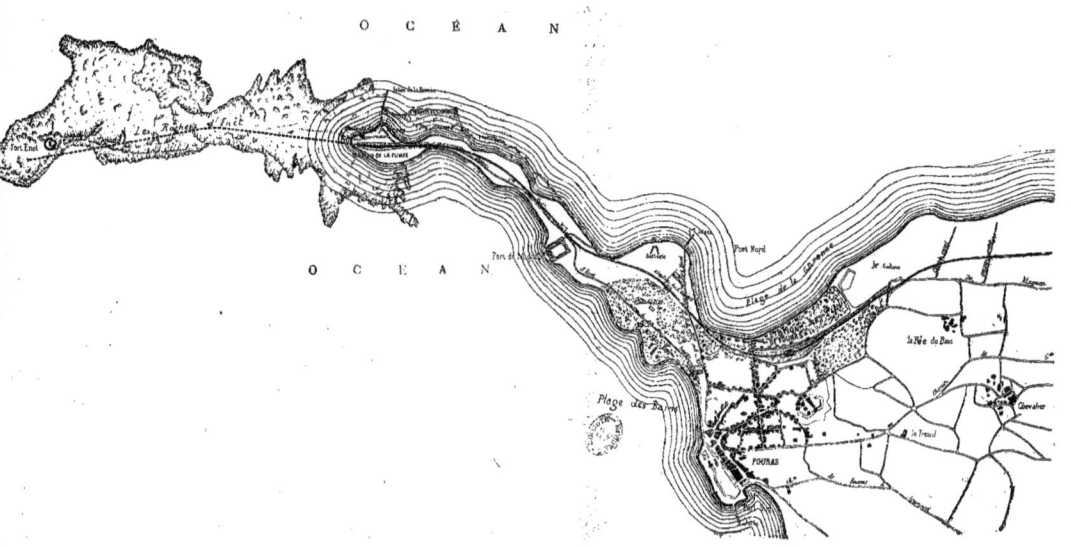

Une allée du Parc du Casino.

AVANT-PROPOS

Aujourd'hui que les chemins de fer ont rendu les communications plus faciles et plus rapides, nous voyons de jour en jour s'accroître la vogue des bains. Partout, sur les côtes de l'Océan, depuis Dunkerque jusqu'à Bayonne, apparaissent de nouvelles plages et des établissements balnéaires.

Parmi toutes ces stations maritimes, il en est qui appellent le monde élégant des baigneurs et dont la réputation est bien établie : au Nord, Dieppe et Trouville ; au Midi, Royan et Arcachon.

D'autres, cependant, plus modestes, cachées dans un petit coin, au bord de l'Océan, méritent à bien des égards, une plus grande notoriété. Tel est le cas de la station de Fouras.

Sa situation exceptionnelle sur une presqu'île entre deux plages, ses délicieux bois de chênes verts et de pins maritimes avec leurs salutaires ombrages, en font un séjour des plus agréables.

On y jouit, avantages précieux et si rares, des agréments de la campagne et de la mer. C'est aussi pour cette raison que Fouras possède une réelle supériorité sur les autres plages de l'Atlantique presque toujours brûlantes et stériles

FOURAS

I

Sa situation. — Origine de son nom.
Son histoire.

Naguère petit port de pêche, bourg mélancolique et morne, **Fouras**, situé sur le littoral de l'Océan, à l'embouchure de la Charente, dans un climat tempéré, est aujourd'hui devenu une station de bains de mer animée et aimée de tous ceux qui viennent la visiter.

Origine de son nom. — Le nom de Fouras donné à cette localité, vient, dit-on, du celte *fforest*, en basque *fora*, qui signifie forêt. Une charte de l'an 1080 fait en effet mention de l'existence d'une immense forêt dans le voisinage et dont l'extrémité se trouvait à l'île d'Aix.

Lesson, dans les *Fastes archéologiques et biographiques du département de la Charente-Inférieure*, donne une autre étymologie du mot Fouras : « Vient-il du mot *foras* ou *foris* qui signifient banlieue, ou aller au dehors, se diriger à l'extérieur et d'où dérive le mot *forasis* dont nous avons fait *forain* ? La *Gaule chrétienne* cite le nom de *Colrasum* (pour *Folrasum*), et *Currassium*, qu'elle dit avoir été travesti par les peuples en *follo raso* de *foratum* (rectum) et *foris* ou *foria* (dévoiement). Une légende populaire et quelque peu risquée, appelée *la lune de Fouras*, semble en effet légitimer cette opinion des anciens écrivains. Mais aussi, il est probable, et nous choisissons cette étymologie, que *follo* vient de *follis*, vent ; et *raso* de *rado* qui signifie glisser sur l'eau.

Disons, en passant, un mot de cette légende qui fait si souvent dire à nos bons Saintongeois :

« As-tu été à Fouras ?
« As-tu vu la lune, mon gars ? »

Certains auteurs prétendent qu'elle tire son origine de la forme en demi-lune des bastions du fort, d'autres s'imaginent voir l'image de la lune dans la figure humaine sculptée en haut de la coupole de l'escalier de la tour. Ces explications fantaisistes n'ont aucun rapport avec la tradition locale.

D'après M. A. Duplais des Touches, qui a fait des recherches sur ce sujet, la plaisanterie légendaire de la lune aurait une tout autre origine. Elle viendrait de l'idée bizarre qu'eût autrefois un soudard de la garnison de montrer aux promeneurs, par l'ouverture du siège d'un cabinet, situé en haut des remparts, cette face... que l'on nomme vulgairement *la lune*. « La légende, ajoute l'auteur, ne dit pas comment fut accueillie cette inconvenante exhibition ; mais il paraît que les soldats s'ébaudirent fort et trouvèrent cette plaisanterie tellement de leur goût qu'à l'avenir ils ne manquèrent pas de faire voir *la lune* dès qu'ils remarquaient quelqu'un en bas des remparts. »

« Bientôt cette gauloiserie fut connue de tout le monde ; et, comme les étrangers qui venaient à Fouras étaient presque toujours victimes de cette grosse farce, on riait pas mal de leur aventure en leur posant cette question devenue proverbiale :

As-tu été à Fouras ?

As-tu vu la lune, mon gars ? »

Histoire de Fouras. — Fouras a une origine fort ancienne. Il fut habité dès les premiers âges de l'humanité. Les Ligures et les Celtes foulèrent son territoire et au milieu de ses épaisses forêts, les druides y célébrèrent leur culte. Les Romains eux-mêmes passèrent sur cette terre fertile où pousse une flore étonnante et balsamique et vinrent y chercher des plantes pour teindre leurs étoffes et panser leurs blessures. On retrouve, chaque jour, sous son sol, de nombreuses traces de leur passage.

Mais laissons là ces temps primitifs et arrivons à la féodalité.

L'histoire rapporte qu'une charte du 17 octobre 1074, sous Philippe Ier, donnait l'église de Fouras à l'abbaye de Noaillé en Poitou ; ce don ne reçut probablement pas son exécution, puisque le donateur, nommé Geoffroi, concéda en 1080, la même église à l'abbaye de St-Maixent, (*Ego Wilfridus dono Deo et Sancto-Mexentio ecclésiam quœ est in Alnisio juxta castrum Currassiun cum terrà quœ est a Castello usque ad sylvam*). (Archives de l'abbaye de Noaillé et de l'abbaye de St-Maixent).

Au XVᵉ siècle, la terre de Fouras était une chatellenie qui relevait du gouvernement de la Rochelle et du pays d'Aunis. Voici les noms des seigneurs qui l'ont occupée jusqu'en 1716 : Aymart de Maumont, en 1351 ; Jean Brosse, sieur de l'Aigle, 1469-1473; Marie Furgon et Georges Geoffroi, 1495 ; René de Bretagne, 1515-1546 ; Jeanne de Vivonne, 1572 ; le marquis de Matilot, 1601 ; Louis de Poulignac, chevalier, seigneur d'Argence, 1639 ; Louis Chesnel, seigneur d'Escoyeux, 1716.

Il y avait à Fouras, au XVᵉ siècle, un château, un fort et une église dédiée à St-Gaudence, (*ecclesia in honore Domini et sancti Martyris atque episcopi Gaudentii...constructa*). Ces constructions n'existent plus aujourd'hui.

L'église actuelle, de construction récente, semble occuper la place où avait été bâtie celle de St-Gaudence.

Le château, situé sur une éminence, avait été bâti par les anciens ducs d'Aquitaine ou par Charlemagne, pour fermer aux pirates du Nord l'entrée de la Charente. Il en est fait mention dans les actes du XIe siècle. Aucune trace ne reste de l'ancien donjon; l'actuel est du XIVe siècle. On a fait tellement de réparations et apporté tant de changements, qu'il n'existe plus rien des premières constructions.

La tour qui domine le château sert actuellement de poste sémaphorique ; elle a la forme d'un parallélogramme de dix-neuf mètres de hauteur, et sur son sommet on peut placer de l'artillerie. Sous cet édifice se trouve un cachot voûté accessible par une ouverture située au niveau du sol ; il est divisé en trois compartiments, dans celui du milieu il y a un puits et dans les encognures des niches.

Pendant les guerres avec l'Angleterre, au XIVe siècle, le château de Fouras était une position fort importante. Les Anglais l'enlevèrent à son possesseur Aymar-de-Maumont, seigneur de Tonnay-Boutonne. Celui-ci qui, dans cette circonstance, avait fait preuve de vaillance et de fidélité à son roi, fut récompensé des pertes qu'il avait éprouvées dans sa châtellenie de Fouras. Philippe VI lui donna les terres des seigneurs de Saint-Jean-d'Angély, associés aux Anglais par crainte ou par trahison.

Plus tard, en 1351, Jean-le-Maingre, dit *Boucicaut*, qui commandait les troupes du roi Jean, en Saintonge, résolut de reprendre le château. Aidé des Rochelais, qui lui fournirent des hommes et des machines de guerre, il vint faire le siège de la place. Elle fut emportée d'assaut et rendue à Aymar-de-Maumont.

Après la guerre de cent ans, Fouras vécut en paix jusqu'au moment où les guerres de religion vinrent lui faire payer son tribut de maux et de souffrances. Les pauvres habitants, divisés eux-mêmes, s'entregorgèrent et se firent tuer en se combattant les uns les autres.

En 1585, sous Henri III, Condé se rendant de La Rochelle à Brouage, s'empare en passant du château de Fouras.

La guerre civile terminée, la paix renaît dans les campagnes et la commune de Fouras prospéra sous le roi Henri IV. Ce dernier, dans le cours de l'année 1590, donne au camp de Gonesse, en faveur des habitants de cette localité, des lettres patentes confirmatives de leurs privilèges.

La prospérité continue après la mort d'Henri IV, jusqu'à l'époque où les guerres de religion vinrent encore ensanglanter la France.

En 1673, pendant les guerres avec la Hollande, les Hollandais pensant atterrir facilement à l'embouchure de la Charente, avaient passé les pertuis ; c'est alors que le gouvernement de La Rochelle, pour empêcher l'ennemi de débarquer, fit construire de forts retranchements sur la côte de Fouras. A cette époque furent bâtis le fort l'Aiguille, les redoutes du Cadoret et du Treuil-Bussac.

Lors de la révocation de l'édit de Nantes (1685) on contraignit les réformés de Fouras à présenter les titres de fondation de leur église et on les fit brûler.

En 1757, pendant la guerre de sept ans, les Anglais ayant projeté une descente sur notre littoral, six mille hommes commandés par le général Langeron vinrent camper sur les côtes de Fouras. Grâce à ces précautions, la descente ne s'opéra pas. Les ennemis se contentèrent de prendre l'île d'Aix. L'amiral Hawke qui commandait la flotte anglaise fit bien avancer une goëlette à bombes jusque sous Fouras, mais elle fut repoussée par deux de nos chaloupes canonnières ; une frégate anglaise venue au secours de la goëlette fut elle-même obligée de rebrousser chemin avec de graves avaries à son bord. (Massiou, *Histoire de la Saintonge.*)

Pendant la Révolution, nous n'avons aucun fait à signaler. Notons toutefois qu'une grande disette sévit à Fouras, et que le 10 germinal, an II de la

République, le conseil de la commune fut obligé de forcer les boulangers à faire cuire le pain des particuliers en ne demandant que trois deniers par livre. Le 10 floréal, il est fait une souscription de 4,153 fr. 10 pour achat de grains. La commune manquant entièrement de subsistances fut dans la nécessité de faire ses approvisionnements en celle de Saint-Laurent-de-la-Prée.

Enfin, un dernier fait se rattachant à l'histoire de cette localité remonte à la chûte du premier empire. Le 8 juillet 1815, Napoléon Ier passe à Fouras pour embarquer sur un canot de la *Saale* et de là se rendre à l'île d'Aix au pouvoir des Anglais. On montre encore aujourd'hui aux étrangers la pierre sur laquelle il posa le pied au moment de quitter le continent ; elle a été conservée et scellée à l'extrémité du quai sud ou de la *Coue*. Le nom de Napoléon, qui était gravé sur cette pierre, se trouve un peu effacé par le passage continuel de la vague.

II

Les plages et les établissements de bains. — Sureté des plages. — Température de l'eau. — Plages d'enfants.

Les plages et les établissements de bains. — A Fouras il existe plusieurs plages, mais les principales sont : celle dite *des Bains* et la plage de *la Garenne*.

La plage des bains est située dans une petite

baie formée d'un côté par une falaise verdoyante et de l'autre par le terrain élevé sur lequel se dressent la tour et le fort de Fouras.

Des établissements de bains, possédant tout le confort nécessaire et un outillage complet d'hydrothérapie marine, y sont installés. (Bains froids, bains chauds, douches d'eau de mer).

Devant les établissements sont amarrées des cordes pour les enfants et les personnes prudentes, et des tremplins sont fixés dans la mer pour les plongeurs et les nageurs. Au milieu des baigneurs stationnent des embarcations prêtes à porter secours en cas d'accident. Des maîtres habiles donnent aussi des leçons de natation aux baigneurs qui le désirent.

Cette partie du littoral, des plus agréables, est encore animée par le panorama splendide qu'offrent à la vue la rade de l'île d'Aix et le mouvement incessant des barques de pêche, des navires de guerre ou de commerce.

C'est devant cette plage qu'ont lieu, tous les ans, *les Régates*, ces fêtes nautiques qui attirent une foule de curieux sur notre littoral.

Du haut d'une superbe terrasse qui domine la mer et des établissements des bains on peut jouir du coup d'œil charmant de ces courses à la voile et à l'aviron.

La plage de la Garenne, située au nord de la ville, le long du boulevard de l'Océan, est bordée

dans toute son étendue par un joli bois de pins au milieu desquels s'élèvent de délicieux chalets que l'on loue aux baigneurs pendant la belle saison.

C'est sous les ombrages délicieux et salutaires de ces pins maritimes que l'on a construit, il y a plusieurs années déjà, un sanatorium, véritable *maison de vacances* pour les enfants d'ouvriers nécessiteux de Rochefort et des environs.

Cet établissement, fondé par M. le docteur Ardouin, médecin principal de la marine en retraite, patronné par un comité de dames et dirigé par des religieuses de St-Vincent-de-Paul, donne chaque année des résultats des plus satisfaisants.

Sûreté des plages. — Toutes les plages sont à Fouras d'une sûreté incontestable ; les enfants peuvent y jouer, y prendre leurs ébats sans aucun danger.

A marée haute on se baigne sur un sable fin et moelleux. Un peu plus loin on trouve une sorte de boue ou plutôt de limon salé contenant tous les principes minéralisateurs de l'eau de mer. Que l'on n'aille pas croire que cette boue soit un inconvénient ; elle a au contraire son utilité thérapeutique, parce qu'elle augmente les propriétés salutaires du bain. Du reste, quand la mer est basse *ce limon*, se trouvant exposé, comme le sable, à l'action des rayons solaires, il s'échauffe considérablement et transmet ensuite à l'eau montante tout le calorique qu'il a emmagasiné. La température du bain est donc augmentée. Nous donnerons plus loin l'analyse de cette boue marine. (1)

Notre plage, située dans le sud-ouest de la France est, comme la Tremblade, Royan, Arcachon, une plage tempérée. Pendant l'été la chaleur atmosphérique y est modérée par l'action des brises de la mer.

Température de l'eau. — Quant à la température de l'Océan, on sait qu'elle varie suivant la direction des vents, l'état de l'atmosphère et de la mer.

Pendant deux étés consécutifs nous avons fait prendre la température de l'eau à la plage des bains, et voici le résultat de nos observations : à la fin de juin et au commencement de juillet la moyenne de la température a été de 16 à 18 degrés centigrades; à la fin de juillet nous l'avons

(1) Voir page 31.

vue atteindre souvent 23°. Au mois d'août nous avons observé 27° de température par une mer calme, les vents soufflant cependant dans la direction nord-ouest ; à la fin du mois la température est revenue à 23° ; enfin en septembre elle s'est abaissée de plus en plus et s'est trouvée le 15, à 19° où elle est restée jusqu'à la fin du mois et même dans les premiers jours d'octobre.

Plage d'enfants. — Il résulte de ces observations que l'eau élevée à 26° et 27° est naturellement tiède. N'est-ce pas là un avantage pour une certaine catégorie de baigneurs et de malades ? Nous voulons parler des enfants frêles et délicats, des femmes épuisées, anémiées, douées d'une susceptibilité nerveuse considérable, incapables de supporter une eau trop froide.

Mais cette station balnéaire offre encore d'autres avantages qui ne sont pas à dédaigner. Elle est remarquable par le calme relatif de ses flots. En effet, le rocher des Palles, continuation de l'île Madame, plus à l'ouest, l'île d'Oleron, l'île d'Aix, le rocher d'Enet contigu à la pointe de l'Aiguille entourent de part et d'autre la plage et servent de brise-lames naturels aux vagues trop fortes de l'Atlantique. Il s'ensuit donc que l'on éprouvera une stimulation moins forte que si les vagues venaient du large. Les bains seront alors mieux supportés par ces organisations maladives dont nous parlions tout à l'heure; elles n'éprouveront ni malaise, ni fatigue, et la réaction chez elles se fera beaucoup mieux qu'ailleurs.

Il n'en est pas de même sur les plages de la Normandie et de la Bretagne où l'air est vif et brumeux, l'eau froide et houleuse. Seules, des organisations vigoureuses, des constitutions solides sont capables de résister à cette mer dure des côtes accidentées du nord de la France.

A Fouras, la Charente mêle ses eaux à celles de l'Océan. Cette mixtion d'eau douce à l'eau salée est-elle un inconvénient? Occasionne-t-elle de grandes modifications chimiques et physiques dans la composition de l'eau de mer? Nous ne le pensons pas. Du reste Fouras n'est pas la seule station de bains où l'eau de la mer se trouve mêlée à celle d'un fleuve. N'en est-il pas de même à Trouville, au Havre, à Paimbœuf, à Pornic, à la Tremblade, à Royan, où la Seine, la Loire, la Seudre, la Gironde déversent leurs eaux dans celle de l'Atlantique? Cette goutte d'eau douce versée dans l'Océan ne diminue en rien l'action tonique des bains. — Admettons cependant que la salure de l'eau soit diminuée par suite du mélange dont nous venons de parler, qu'en résulterait-il? Un avantage plutôt qu'un inconvénient. N'est-il pas démontré en effet que la trop grande quantité de principes salins contenue dans l'eau de mer peut produire une stimulation trop active et déterminer des picotements, de la cuisson et même de l'urticaire ou d'autres exanthèmes. Quoiqu'il en soit, l'eau de Fouras contient tous les principes salins nécessaires pour faciliter une bonne réaction, ce qui rend même ici les bains précieux c'est la concentration des sels marins dans la boue que la mer laisse au moment du reflux.

III

Quelques mots sur l'action de l'eau de mer. — Indications des Bains de mer de Fouras. — Contre-indications des Bains de mer en général. — Des Bains chauds. — Des bains de sable, leur emploi thérapeutique. — De la boue marine. — Sa composition C'est une boue fortement minéralisée que l'on pourrait employer en thérapeutique.

Quelques mots sur l'action de l'eau de mer. — L'eau de mer possède une action tonique qui est le résultat : 1° d'une période de froid, de concentration, dans les premiers moments de l'immersion ; 2° d'une période de réaction pendant laquelle le sang refoulé à l'intérieur revient à l'extérieur.

Dans un climat doux, dans une eau dont la température s'élève quelquefois l'été jusqu'à 27°, il est certain que la période de froid sera beaucoup moins longue qu'ailleurs ; la réaction (c'est-à-dire le réchauffement du corps après qu'il a été mis en contact avec le froid), sera aussi bien plus prompte. Si donc, on a affaire à des organisations faibles, chez lesquelles une mer trop froide serait un obstacle à une facile réaction, on n'hésitera pas à choisir parmi les différentes plages du sud-ouest de la France, celles dont la température de l'eau est tiède. Fouras est de ce nombre.

Mais, la vertu curative des bains de mer ne réside pas seulement dans la température, le froid n'est pas le seul agent de la médication marine. L'eau de mer agit encore par sa composition chimique. Les sels qu'elle contient, auxquels il faut ajouter l'iode et le brome, exercent une action considérable sur l'organisme en imprimant à la peau une sorte de stimulation qui augmente la réaction ; de plus l'iode et le brome ont une action propre. C'est par le moyen de cette excitation que les bains de mer deviennent résolutifs dans certaines affections.

Le choc des vagues, le mouvement de l'eau

augmentent encore les effets des bains de mer; ils favorisent aussi la réaction. Nous avons dit précédemment qu'à Fouras les mouvements de l'eau étaient modérés. Cela est dû à ce que la plage étant entourée de tous côtés par les rochers et les îles du voisinage, l'action trop énergique de la lame est diminuée par la présence de ces obstacles. Il n'est pas difficile de rencontrer ici « *l'espèce de petite ondulation médicinale qu'on appelle la lame* (1) ». On peut dire qu'elle est permanente sur notre plage qui représente une sorte de lac ouvert par les pertuis. La mer étant donc moins agitée qu'ailleurs, il s'en suivra que les baigneurs faibles et délicats n'auront pas à craindre une stimulation trop forte, stimulation capable de les obliger à renoncer aux bons effets des bains.

Les particules salines contenues dans l'eau de mer sont-elles absorbées par la peau? L'action du froid en resserrant les tissus s'oppose à ce phénomène. Les sels n'agissent qu'en stimulant la

(1) CONSTANTIN JAMES, *Guide aux Eaux minérales et aux Bains de mer*.

surface cutanée ; cependant, chaque jour, après le bain, il reste à la surface du corps une certaine quantité de principes salins qui certainement finissent peu à peu par pénétrer dans l'organisme.

Mais la principale voie d'absorption est surtout la muqueuse pulmonaire ; l'air marin chargé des molécules salines que l'on respire à chaque instant de la journée s'insinue au sein de l'économie et apporte aux organes un surcroît de vigueur et d'énergie.

Nous ne nous étendrons pas davantage sur ce sujet, nous dépasserions les limites du cadre restreint que nous nous sommes tracé. On trouvera du reste, de plus longs détails dans les auteurs qui ont écrit sur les bains de mer en général.

Indications des bains de mer de Fouras. — Nous allons donc maintenant passer en revue les principales maladies dans lesquelles les bains de mer peuvent être avantageusement employés.

Lymphatisme et Scrofule. — En première ligne,

nous trouvons le *lymphatisme* et la *scrofule*, fléaux redoutables de l'enfance. Dans ces affections les bains de mer produisent des résultats merveilleux; on en voit tous les jours la preuve. Les engorgements ganglionnaires du cou, des aisselles, les abcès, les fistules s'améliorent ou guérissent; les hypersécrétions qui se font sur le nez, les oreilles, les yeux, se modifient promptement par l'emploi du traitement marin en général. Les localisations de la scrofule sur les articulations et le système osseux, les tumeurs blanches, la carie des os, etc., retirent d'excellents résultats des bains de mer.

Dans les états diathésiques dont nous venons de parler, la médication marine remplit un double but; elle exerce une action spécifique en même temps qu'une action excitante et tonique.

C'est surtout sur la plage de Fouras qu'il convient d'envoyer les enfants atteints de scrofule. Généralement faibles et impressionnables, ils trouveront là un climat doux et une mer calme. La réaction se fera bien et il n'y aura pas à redouter pour eux une irritation trop vive des tumeurs glandulaires ulcérées, des abcès, des fistules, etc.

Il est utile d'employer dans ces cas, en même temps que les bains de mer, les lotions, les douches, les injections. Nous conseillerons aussi l'emploi de l'eau de mer à l'intérieur.

Anémie, Chlorose. — Les bains de mer sont d'une grande utilité dans l'*anémie* et la *chlorose*. Leurs effets salutaires se font sentir avec une rapidité étonnante. Une stimulation trop forte pouvant occasionner des malaises, de la fatigue, quelquefois même des désordres nerveux, surtout chez les femmes chlorotiques, il est bon d'éviter une eau agitée et froide. De telles malades pratiqueront la mer avec succès sur notre plage.

Affections utérines, (Leucorrhée, Aménorrhée, Dysménorrhée, etc). — Les *affections utérines*, en général, la *leucorrhée*, l'*aménorrhée*, la *dysménorrhée*, ces fléaux de l'adolescence, seront toujours heureusement amendés et même souvent guéris par l'emploi des bains de mer et de la médication saline en général.

Dans ces diverses affections il est rare qu'il n'y ait pas appauvrissement du sang, aussi le traitement marin agit-il sur l'état général et l'état local.

Incontinence d'urine. — L'*incontinence d'urine* chez les enfants, soit qu'elle dépende d'une faiblesse de l'organisme ou qu'elle soit produite par un état diathésique scrofuleux, guérit par l'usage des bains de mer. Ceux-ci portent leur action sur l'économie tout entière, modifient la diathèse et exercent leur influence tonique sur la vessie et son col.

Faiblesse générale de l'organisme, convalescence des maladies aiguës. — Il est des sujets, principalement des enfants, sur lesquels ni le lymphatisme, ni la scrofule n'ont exercé leur influence fâcheuse et qui cependant présentent un état de *faiblesse générale* de l'organisme, une sorte de langueur des fonctions végétatives ; de tels individus se trouvent bien de l'emploi des bains de mer. Mais pour eux, il est nécessaire de choisir une plage où il n'y ait pas à craindre une agitation trop forte de la lame. Ils ne résisteraient pas aux violentes secousses à cause de leur manque d'énergie. La réaction se ferait très mal chez eux. Une mer calme leur sera conseillée. Les bains de mer de Fouras produisent dans ce cas d'excellents résultats.

Les *convalescents* de maladies aïgues, de fièvre typhoïde, les enfants épuisés par un travail prématuré, les femmes délicates, affaiblies, nerveuses, retrouveront la santé sur notre littoral où l'eau de la mer sera en rapport avec leur état de faiblesse générale.

Gastralgie. — Entéralgie. — Parmi les affections du tube digestif nous citerons comme susceptibles d'être améliorées par l'hydrothérapie maritime, la *gastralgie* et l'*entéralgie*. Mais il faut user de ce moyen avec une grande prudence sous peine de voir les douleurs s'exaspérer. Il y a dans ces cas nécessité de commencer le traitement par les bains chauds. Les malades ne pratiqueront la mer que lorsque la température de l'Océan sera assez élevée pour que le bain froid soit supporté. On devra pour cela choisir de préférence le mois d'août, époque à laquelle l'eau est souvent tiède et calme. Dans ces sortes d'affections nerveuses de l'estomac, en effet, la réaction se fait toujours avec difficulté. En général les bains devront être de courte durée et quelquefois pris seulement tous les deux jours. Sur la côte de Fouras le traitement maritime peut avoir des chances de succès.

Dyspepsies. — Dans un genre de *Dyspepsie* caractérisé par des digestions lentes et difficiles, il faut user avec modération de l'emploi des bains de mer. Les mêmes précautions que pour les gastralgies sont utiles dans ce cas.

Il est cependant une *affection dyspeptique* propre à l'enfance à laquelle le Dr Brochard donne le nom de *maladie des enfants gâtés*, qui reçoit de bons effets des bains de mer. « Les enfants qui en sont atteints sont très capricieux pour leur nourriture, ils ont horreur de la soupe, principalement de la soupe grasse. Leur estomac, prétendent-ils, ne peut la supporter, il se soulève à sa vue. Il en est de même pour la viande et pour tout ce qui compose un bon régime alimentaire. En revanche, ces petits malades aiment beaucoup les sucreries, les pâtisseries, ils vivraient volontiers de fruits, de confiture, de chocolat. Ils n'ont jamais faim à l'heure des repas, parce qu'ils mangent sans cesse et n'ont pas le temps de digérer. La constitution de ces enfants est en rapport avec leur appétit et avec la perversion de leurs fonctions digestives. Ils sont pâles, maigres, irritables, ont les yeux caves et cernés » (1). Cette maladie qui, selon le même auteur « *dépend toujours de la faiblesse des parents* » guérit sous l'influence des bains et de l'air de la mer; les fonctions de l'estomac s'accroissent et se régularisent.

Maladies des voies respiratoires sans lésions organiques. — Les bains de mer, la respiration dans une atmosphère maritime sont encore d'une grande utilité dans certaines *maladies des voies respiratoires* pourvu toutefois qu'il n'existe pas de lésions organiques, ce dont il est bon de s'assurer par l'auscultation. On a vu quelques for-

---

(1) *Dr Brochard*. — Des bains de mer chez les enfants, p. 173.

mes de bronchite, des toux catarrhales anciennes disparaître sous l'influence de ce traitement.

Dans des rhumes où il existe une exagération de sécrétion du mucus bronchique la médication marine rend de grands services, surtout si cet état est sous la dépendance d'un vice scrofuleux.

La toux de la croissance chez les enfants, la toux nerveuse, la bronchite qui persiste après la rougeole ou la coqueluche guérissent sous l'influence des bains d'air et des bains de mer.

On devra dans tous les cas dont nous venons de parler user d'une grande prudence et bien veiller à la direction du traitement. L'acclimatement sera nécessaire en arrivant sur le littoral, c'est-à-dire qu'il faudra commencer par respirer l'air de la mer. Ainsi, les organes de la respiration s'habitueront par degré à l'atmosphère maritime. Les malades prendront ensuite quelques *bains* chauds avant d'aller à la mer. Le bain sera de courte durée.

Dans la phthisie pulmonaire les bains de mer sont dangereux, on doit les proscrire. Le séjour au bord de la mer suffit dans cette affection. Les phthisiques pourront habiter la plage de Fouras pendant les mois de mai, juin, juillet et août; mais ils auront soin de quitter le littoral vers le 15 septembre à cause des variations brusques de température qui surviennent souvent à cette époque de l'année.

Maladies nerveuses. — Parmi les *maladies nerveuses* il en est peu qui reçoivent de bons effets des bains de mer. Les *névralgies*, les *migraines* s'exaspèrent souvent, deviennent même quelquefois insupportables à la suite de ce traitement.

Cependant quand des douleurs nerveuses surviennent chez des individus fatigués par des excès de tout genre ou par des travaux intellectuels prolongés, s'il y a en même temps diminution des forces, appauvrissement du sang, on voit une amélioration notable se produire. Ce ne sont pas seulement les bains qui agissent dans ce cas; mais, le changement d'atmosphère, d'idées, les choses nouvelles, les distractions, l'air pur, les promenades en mer ou sur le littoral contribuent aussi à la guérison.

Chorée. — La *danse de Saint-Guy* ou *Chorée* est de toutes les *névroses* celle qui peut retirer de bons résultats de l'emploi des bains de mer. Mais il faut qu'elle soit de date récente. Nous avons eu sous les yeux, il y a quatre ans, un exemple patent de guérison. C'était chez une petite fille de douze ans, après vingt-cinq bains et un séjour de deux mois au bord de la mer, nous vîmes disparaître les mouvements convulsifs, et la constitution frêle de la malade se raffermir comme par enchantement. Il est utile dans la chorée de prescrire aux malades l'exercice de la natation, exercice avantageux en ce sens qu'il donne aux membres plus de force pour lutter contre les mouvements convulsifs.

Hystérie. — On peut essayer de traiter *l'hystérie* par les bains de mer, mais de grandes précautions sont nécessaires ; sans cela on s'expose à revoir les attaques plus fortes qu'auparavant, comme il nous est arrivé de l'observer en maintes circonstances. Le mois d'août, quand la température de l'eau est élevée, sera choisi pour faire le traitement. On devra aussi débuter par des bains chauds, à cause de l'extrême sensibilité des malades. Le temps de l'immersion dans la mer sera très court ; deux à cinq minutes suffiront.

Hypocondrie. — L'*Hypocondrie*, sorte de monomanie triste caractérisée par une préoccupation constante de la santé, peut être améliorée par le séjour au bord de la mer, l'emploi des bains, les affusions sur la tête et surtout les promenades en mer. Si les symptômes du mal s'exaspèrent il est préférable de renoncer à la médication.

Faiblesse des membres inférieurs chez les enfants. — La *Paralysie* ne reçoit aucune amélioration du traitement marin. Il existe cependant chez les très jeunes enfants une certaine paralysie ou plutôt de *faiblesse des membres inférieurs* qui guérit par l'emploi de la médication en question. Au mois de juillet 1876, il nous est présenté un enfant âgé de vingt-quatre mois atteint de ce genre d'affection; outre un état de faiblesse des membres, il existait chez lui une déviation de la jambe droite et du pied en dehors. Les frictions stimulantes, les bains toniques et aromatiques ayant été employés sans résultat, nous conseillâmes à la mère de baigner son enfant. Nous n'aimons cependant pas à prescrire les bains dans un âge si tendre, mais comme nous trouvions assez de force dans le sujet pour résister à la température de l'eau, nous l'y engageâmes quand même. Une journée chaude du mois d'août fut choisie à cet effet. Le premier bain fut très bien supporté, l'enfant se laissait mettre à l'eau sans avoir peur. Le traitement étant *continué pendant vingt-cinq bains aboutit à la guérison*. A la grande satisfaction de sa maman le petit C... pût se tenir debout et marcher.

La même année une petite fille de huit ans, atteinte d'une faiblesse de la jambe gauche, fut avantageusement influencée par l'usage des bains de mer de Fouras. Le membre qui commençait à s'atrophier reprit des forces et s'accrût après plusieurs saisons passées sur le littoral. Au début ont était obligé de porter la malade et de la rouler dans une petite voiture, aujourd'hui elle marche en boitant légèrement. Il faut espérer que cette claudication disparaîtra avec le temps.

Affections vermineuses des enfants. — Enfin la médication marine en général guérit les *affections vermineuses des enfants* : « Par le ton qu'elle donne à l'économie, dit le Dʳ Brochard, cette médication jouit de la propriété précieuse d'empêcher la reproduction des entozoaires toujours facile dans le jeune âge. Les huîtres et les coquillages que les enfants mangent en général avec tant de plaisir et que l'on doit sur le littoral de l'Océan leur donner avec abondance, constituent un excellent vermifuge dont l'action seconde puisamment celle des bains de mer. (1) »

Contre-indications des bains de mer. — La thérapeutique à Fouras, comme celle des bains de mer en général doit, selon nous, se borner aux différentes maladies que nous venons de citer. Dans les cas suivants ils sont contre-indiqués : *maladies du cœur, anévrysmes, phthisie pulmonaire, goutte, asthme, emphysème pulmonaire, catarrhe pulmonaire, maladies organiques* en général.

(1) Loc. cit. page 178.

On ne doit pas non plus employer les bains de mer dans les cas d'*anémie profonde*, d'épuisement considérable du système nerveux. Nous ne les conseillons pas encore dans le *rhumatisme*, ils peuvent être dangereux; et dans le rhumatisme chronique leur utilité est même fort contestable. Nous avons souvent vu d'anciennes douleurs se réveiller après un bain froid.

Parmi les *maladies de la peau*, il n'y a guère que celles qui sont sous la dépendance de la diathèse scrofuleuse pour lesquelles on prescrit les bains de mer; dans toutes les autres il faut craindre une trop grande stimulation sur l'appareil cutané.

Les *constitutions pléthoriques*, celles menacées de *congestion cérébrale* contre-indiquent encore les bains de mer. Dans un *âge avancé*, de même que dans un *âge trop tendre, ils doivent être proscrits*. Les enfants devraient rarement se baigner avant l'âge de quatre ou cinq ans, et encore à cette époque de la vie ne faudra-t-il pas les mettre à l'eau par force. Les bains par surprise sont dangereux chez ces petits êtres. On emploiera de préférence des bains de jambes et des lotions d'eau de mer avec une éponge. Ces moyens bien plus salutaires et tout aussi efficaces auront encore l'avantage de ne pas les effrayer.

Les *femmes enceintes* s'abstiendront-elles de se baigner? Selon Gaudet, « s'abstenir est la règle, se baigner est l'exception. » On permettra les bains à celles dont la santé est bonne; mais elles n'en useront que quand la mer sera calme.

Quant aux nourrices elles peuvent, sans inconvénient, prendre des bains de mer si leur santé le réclame; mais elles devront toujours agir avec prudence et modération.

Bains de mer chauds. — Quand le bain de mer froid est inapplicable, on emploie le bain chaud dont l'action est moindre. Mais on peut le rendre plus actif en ajoutant des plantes marines qui contiennent de l'iode et du brome.

Les bains de mer chauds sont indiqués chez les sujets dont la débilité est profonde, chez les jeunes enfants frêles et lymphatiques qui ont peur de la mer, chez les femmes grosses, nerveuses, pour calmer le système nerveux et tonifier l'économie : indiqués encore aux vieillards, aux nourrices, aux rhumatisants, aux goutteux lorsqu'il s'agit de fortifier l'organisme.

Il est souvent utile de commencer le traitement maritime par l'emploi du bain chaud, dont on diminue graduellement la température. D'après le Dr Lemarchand, du Tréport, cette pratique est vicieuse : « Le bain chaud congestionne la peau d'autant qu'il a été plus long et pris à une température plus élevée; de plus, le système cutané est, au sortir de ce bain, plus accessible à l'action de la température extérieure, et la partie la plus exposée au vent peut devenir le siége de rhumatisme, de névralgie. » (Dr Lemarchand, compte-rendu de la Soc. de médecine pratique.) Dans l'intérêt de ses malades il a été obligé de renoncer à cette pratique chez les personnes sérieusement malades; en outre elle les prépare peu à supporter les bains froids.

Sans contester l'objection en principe, nous ferons remarquer qu'elle n'a toute sa valeur thérapeutique que sur les plages du nord : là, l'air est en effet beaucoup plus vif et l'eau plus froide que sur nos côtes du sud-ouest. Ici, on peut, au bénéfice des malades, commencer le traitement par l'emploi des bains chauds sans craindre les inconvénients signalés par le Dr Lemarchand.

Bains de sable. — L'usage, en plein air, des bains de sable chaud est aussi un mode de traitement employé sur la plage de Fouras. Le sable constamment imbibé par l'eau de mer et chauffé par les rayons du soleil possède des propriétés analogues à celle-ci.

Ces bains sont faciles à administrer. Il suffit de creuser un trou dans le sable et d'y placer la partie malade, ou le corps tout entier si cela est nécessaire. On peut encore amonceler couche par couche le sable environnant sur le corps du malade.

Dans certaines stations balnéaires, au Croisic, par exemple, on chauffe le sable dans des cuves et on y plonge le patient. Selon nous, la calorification par les rayons solaires est préférable. Le Dr Guillon, dans son ouvrage sur Royan, propose un moyen commode pour élever d'une manière constante et régulière les bains de sable à la température que l'on veut. Il consiste à disposer çà et là sur la plage, dans des endroits que n'atteint pas la marée, de petites serres portatives en cristal, à les placer à volonté dans les points les plus convenables et les mieux exposés au soleil, de manière à en concentrer les rayons et à donner au sable où doit être plongé le malade, un degré de chaleur plus élevé, si on le juge nécessaire. (1)

Les bains de sable agissent comme sudorifiques, comme toniques et révulsifs en produisant une stimulation à la peau.

Utiles chez les individus lymphatiques et scrofuleux, atteints d'engorgements ganglionnaires, ils deviennent héroïques et produisent les meilleurs résultats dans le rhumatisme chronique. Certaines paralysies rhumatismales ont aussi été guéries par les bains de sable. On a vu se résoudre par ce moyen, même des nodosités, des périostites chroniques avec tuméfaction des os.

(1) *Dr Guillon*. — Bains de mer du sud-ouest, Royan, Arcachon etc., etc.

L'avantage des bains de sable est de pouvoir se continuer pendant des heures et de se répéter plusieurs fois dans la journée. — Faisons observer qu'ils sont contre-indiqués chez les individus pléthoriques à cause du danger probable des insolations, des congestions cérébrales, des apoplexies, etc.

De la boue marine. — Nous avons dit précédemment (1) que la mer en se retirant laissait sur notre plage une sorte de *limon marin* contenant tous les principes minéralisateurs de l'eau et que, selon nous, cette boue, bien loin de nuire à l'action des bains, ne faisait au contraire qu'augmenter leurs effets salutaires. Nous nous sommes même demandé si ce limon minéral ne pourrait pas être employé en thérapeutique au même titre que les boues de Dax, de Saint-Amand, de Balaruc, etc.

Sa composition chimique. — L'analyse suivante tendrait à le prouver. Que l'on nous permette

(1) Voir page 11.

de remercier ici M. Sergent, pharmacien à Tours, ex-préparateur de chimie à l'école de pharmacie de Paris, d'avoir bien voulu nous faire ce travail. Voici les résultats obtenus :

100 parties de boue renferment :

  Eau 65,7
  Matières solides 34,3

Les matières solides renferment elles-mêmes :

  Matières organiques . . . 1,345
  Matières solubles dans l'eau. 5,552

Parmi ces dernières :
- Chlorure de sodium . . . 3,492
- Iodures . . . . . . traces
- Sulfate de magnésie . . }
- — de chaux . . } non dosés seulement constatés
- — de soude . . }

En tout 5,552

La présence du brome n'a pu être constatée, l'essai ayant porté probablement sur de trop faibles quantités de matières ; il en existe assurément.

Matières solubles dans l'acide chlorhydrique ou déplacées par cet acide :

Hydrogène sulfuré et acide carbonique. 5,154
Acide silicique (non dosé) . . . . . très peu
Acide phosphorique 1,315
Acide sulfurique (non dosé) . . . . très peu
Fer. 5,382
Alumine. 3,275
Magnésie. 6,327
Chaux. 11,270
Résidu insoluble dans l'acide chlorhy-
 drique bouillant. 60,374

Ce résidu, qui n'a pas été analysé, est formé de sables siliceux, de silicates complexes, débris de roches charriés par les eaux.

L'hydrogène sulfuré non dosé, résulte de l'action des matières organiques sur les sulfates.

Il y a donc en résumé dans la boue desséchée :

Substances organiques 1,345
Matières solubles dans acide chlorhydrique 32,720
 —   insolubles   —   60,374
 —   solubles dans l'eau . . . 5,552
         99,998
        100,000

Le fer qui existe en très grande quantité dans cette matière se trouve probablement combiné à un acide ulmique partie à l'état de protoxyde, partie à l'état de sesqui-oxyde.

Telle est donc la composition chimique de la boue que la mer laisse à Fouras pendant le reflux. Comme l'analyse vient de le démontrer ce limon est fortement minéralisé. Le chlorure de sodium y existe en très grande quantité (3,492 p. 100) et la présence de l'iode a été aussi signalée. A quelle cause est due une si grande quantité de sel marin dans cette matière? A l'évaporation qui détermine la précipitation des principes salés. Cet effet se produit quand la mer se retire sous l'action des rayons solaires.

Mais l'analyse nous révèle encore la présence du fer en proportion très considérable (5,382 p. 100). N'est-ce pas là un élément précieux de reconstitution, un agent de traitement de premier ordre pour les malades débilités?

L'anémie, la chlorose, le lymphatisme, la scrofule, le rachitisme, l'ostéomalacie trouveront aussi des agents de traitement efficace dans l'acide phosphorique, les principes sulfureux, l'iode, l'alumine, la magnésie et la chaux qui constituent cette boue marine. Il en sera de même pour le rhumatisme et la goutte.

On n'ignore pas que sur les bords de la mer Noire, dans la Crimée, les habitants et surtout les Tartares se donnent des bains avec un limon salé que la mer abandonne pendant les grandes chaleurs : « Ils creusent sur ce terrain une fosse en forme de baignoire, y placent le malade tout nu et le recouvrent de limon qu'ils renouvèlent plusieurs fois dans l'espace de deux ou trois heures, donnant de temps en temps une boisson fortifiante et adoucissante. Au sortir de là, il se plonge dans un bain d'eau ordinaire. Les effets de cette pratique sont une chaleur douce et universelle bientôt suivie d'une éruption sur toute la peau et d'une sueur générale, puis après deux ou trois heures, d'une faim dévorante. Ces bains limoneux conviennent dans tous les cas où il s'agit de produire une action énergique sur la peau ; *on n'y a pas assez recours en France ;* on pourrait les employer sur les bords des mers qui baignent nos côtes, et ils seraient d'autant plus efficaces que le climat serait moins froid et la saison plus chaude. Ils doivent enfin avoir *plus d'action que les bains de sable parce qu'ils contiennent plus de principes actifs.* » (JACCOUD, *Dictionnaire de médecine pratique*, art. *Bains*.)

De même sur les bords du Nil, les Bédouins et les Arabes prennent des bains dans le limon ferrugineux que ce fleuve laisse sur ses bords. Tout cela dans le but de fortifier leur santé.

On le voit, l'emploi de ces différentes boues, sous forme de bains, produit d'excellents résultats. Pourquoi n'importerait-on pas sur nos côtes une méthode de traitement qui rend ailleurs de si grands services?

Douce et onctueuse au toucher, cette boue n'est ni gluante ni collante, elle se détache facilement du corps, comme nous avons pu nous en convaincre à la suite de quelques bains locaux et généraux que nous avons fait prendre à titre d'essai. Sa saveur est salée et sulfureuse; son odeur rappelle des eaux faiblement sulfureuses associées à l'odeur de marée.

Nous n'entrerons pas dans plus de détails sur ce sujet, nous réservant de faire ultérieurement, et quand l'occasion s'en présentera, des expériences sérieuses, et de démontrer par des observations tout le parti que l'on pourrait tirer de l'emploi thérapeutique de ce limon de la mer.

IV

Règles à suivre sur la manière de prendre un bain de mer. — Costume, heures du bain, manière de prendre un bain, précautions à prendre pour favoriser la réaction.

Si les baigneurs veulent retirer des avantages sérieux de l'emploi des bains de mer, ils devront suivre les règles nécessaires pour les obtenir.

Ces règles concernent le costume, l'heure du bain, la manière de le prendre, la durée du bain et enfin les précautions à prendre pour favoriser la réaction.

1° *Costume*. — Afin de permettre l'exécution facile des mouvements, le costume sera suffisamment ample. Il devra, de plus, être confectionné avec la laine *dite serge*, qui n'est pas froide au contact, et qui, grâce à sa texture particulière, n'a pas de tendance à adhérer à la peau. Pour les dames un filet et un chapeau de paille à larges bords sur la tête sont suffisants. Pourquoi craindre de mouiller les cheveux ? Il n'y a aucun inconvénient à cela ; l'eau de mer les rend secs et c'est tout ; après la saison ils reprennent leur état primitif.

2° *Heures du bain.* — Dans aucun cas on ne doit mettre un intervalle moindre de **deux heures et demie à trois heures** entre le dernier repas et le bain.

L'heure du bain dépendra donc de celle du repas antécédent.

Les personnes débilitées ne pourront prendre de bains que dans les heures les plus chaudes de la journée.

Le bain doit être pris quand la mer est *étale* ou quand elle commence à descendre.

3° *Manière de prendre un bain.* — Il ne faut point se jeter à l'eau lorsque le corps est en transpiration, ni lorsque l'on a froid.

Cependant au moment d'entrer dans la mer il

est bon d'avoir chaud afin de pouvoir mieux résister au contact de l'eau froide. C'est pour cela que nous conseillerons un peu d'exercice, une promenade pour activer la circulation et acquérir ainsi cette chaleur.

Le mode d'immersion a aussi son importance. Il ne faut pas chercher à se mouiller progressivement des pieds à la tête, mais se plonger brusquement dans l'eau.

Une fois dans la mer le baigneur se donnera le plus de mouvements possibles pour lutter contre le refroidissement et aider à la réaction.

Les personnes délicates s'abstiendront de bain quand le temps sera trop mauvais. Quant aux enfants il n'est pas permis de les baigner avant l'âge de 4 ou 5 ans. Il ne faut pas non plus les mettre à l'eau par force, c'est une pratique dangereuse.

4° *Durée du bain.* — Il est nécessaire pour sortir de l'eau de ne pas attendre un frisson (*2e frisson*, par opposition au frisson initial que l'on éprouve en entrant à la mer).

Un bain doit avoir une durée d'autant plus courte que la personne est plus faible, que la lame est plus forte et que la température de l'eau est plus basse. Pour préciser, disons que sa durée doit être de quelques minutes à un quart d'heure.

Deux bains par jour sont plus nuisibles qu'utiles.

5° *Précautions à prendre pour favoriser la réaction.* — Tout bain de mer pour être salutaire doit être suivi de réaction. Il est indispensable que le corps récupère la chaleur perdue. Pour ce faire, on doit, à la sortie de l'eau, se rhabiller vivement sans trop s'essuyer et faire un peu d'exercice à pieds.

Un bain de pieds d'eau de mer chaud est très utile après le bain.

Il est nécessaire d'attendre que la réaction soit complète pour prendre son repas. (*Voir pages 70 et 71*).

V

Agréments, distractions. — Le Casino et son parc. — Promenades, excursions. — Promenades en mer, sur la rade ; visites à l'île d'Aix, l'île d'Oléron, l'île de Ré, etc.

Agréments, distractions. — Ce ne sont pas les agréments ou les distractions qui manquent à Fouras ; sous ce rapport, cette station peut lutter avec ses voisines. Il y passe chaque année plus de 50,000 étrangers, c'est dire qu'elle est des plus fréquentées.

Les promenades sont nombreuses et variées et la chasse, que l'on peut faire en tout temps, ainsi que la pêche, permettent encore aux baigneurs de varier leurs plaisirs.

Le Casino et son Parc. — Le Casino de Fouras, installé dans une propriété antérieurement connue sous la dénomination de *château du Bois-Vert*, n'existe que depuis 1885.

A cette époque, M. Victor Gasser, compositeur, chef d'orchestre et membre de la Société des Concerts du Conservatoire, après le succès de ses

Concerts à l'Exposition de Rochefort-sur-Mer, a

réussi à fonder un établissement qui ne le cède en rien à ceux des stations balnéaires les mieux fréquentées; on y trouve un orchestre composé d'artistes de premier ordre, troupe d'opéra, d'opéra-comique, de comédie, concerts, bals, bals d'enfants, etc.

Le *Parc* du Casino, d'une étendue de quinze hectares, est véritablement remarquable, *unique* peut-être en son genre.

Celui qui pénètre pour la première fois dans cet asile de verdure est ravi et transporté à la vue de ces chênes de hautes futaie; il se perd au milieu de ces allées magnifiquement ombragées offrant une surprise à chaque détour : ici c'est un coin sombre entouré d'épais chênes verts où le rêveur vient s'asseoir et méditer pendant les heures brûlantes de la journée ; là c'est une clairière ensoleillée où la lumière se brise de tous côtés ; plus loin, au fond, une magnifique perspective avec un plan ténébreux et des échappées à l'extrémité où flamboient le ciel et la mer.

Ce parc est non-seulement de toute beauté, mais c'est aussi un cadre merveilleux que la nature fournit à toutes les fêtes.

C'est au milieu de cette verdure d'yeuses que ressortent blancs et coquets les bâtiments du Casino, dont l'intérieur est fort bien agencé. Il y a salon de lecture, salon de conversation, salles de bals et de spectacles, cercle, jeux de petits chevaux, salle de billard, salle d'escrime, café restaurant, etc.

Au milieu de ce bois, des emplacements pour jouer au croquet sont mis à la disposition des abonnés.

Pendant la saison des bains de nombreux trains amènent les voyageurs jusqu'à la station *Fouras-Casino*, dans le parc même.

Promenades, excursions. — Les environs de Fouras offrent d'intéressantes promenades. Ainsi les étrangers visiteront le *rocher* et le *fort d'Enet*, le *Port-des-Barques*, l'*île Madame*, tombeau des prêtres déportés en 1793 ; *Saint-Laurent-de-la-Prée* où ils verront une église du XIe siècle, — style romain, — un if superbe taillé en cône, l'arbre de la liberté de 1793, et, à la ferme de l'Houmée, près Charras, deux monuments mégalithiques fort curieux.

Les baigneurs, les voyageurs, les touristes pourront aussi par le chemin de fer se faire transporter à *Rochefort* et visiter son arsenal, son magnifique jardin public, l'hôpital de la marine au bout du cours d'Ablois ; ils pourront se rendre à l'antique cité de *La Rochelle*, fière de son Hôtel-de-Ville où l'on conserve la table historique de Jean Guiton, et pousser jusqu'au port de *La Pallice*. De là à l'*île de Ré* il n'y a qu'un bras de mer à traverser.

C'est à l'extrémité nord-ouest de cette île qu'apparaît le fameux *phare des Baleines*, dressé à 50 mètres au-dessus du niveau de la mer, et dont le feu s'éclipse, de demi minute en demi minute, au moyen d'un mécanisme ingénieux.

Promenades en mer, sur la rade ; visites à l'île d'Aix, au fort Bayard, à l'île d'Oléron. — Les baigneurs, désireux de respirer l'air plus vif du large, n'auront qu'à s'embarquer sur une chaloupe de pêche. Ils pourront ainsi assister à une

pêche en mer ou visiter la rade, les îles et les côtes du voisinage.

La pêche. — qui se fait ici, pendant l'été, dans cette partie de l'Océan que l'on appelle le *Courant* — leur apprendra la manière dont on capture les soles les plus goûtées que l'on sert tous les jours sur nos tables.

D'un autre côté, une promenade sur la splen-

dide rade de l'île d'Aix, sillonnée à chaque instant par les vaisseaux de guerre et les barques de pêche, offrira aux baigneurs un spectacle grandiose.

C'est dans ses eaux et devant Fouras, en 1809, que les Anglais tentèrent d'incendier la flotte de l'amiral Lallemand : on sait quel coup mortel porta à notre marine le fameux épisode des brûlots.

La rade de l'île d'Aix est, d'après les navigateurs, d'une sécurité absolue ; aussi l'hiver, pendant les mauvais temps, est-elle couverte de navires at-

tendant le moment propice pour gagner un port.

Depuis Brest jusqu'à la côte d'Espagne il n'en est pas non plus d'aussi facilement accostable. C'est pour cette raison que, sur les conseils d'ingénieurs et de marins expérimentés, Eugène Allard, ancien maire de Fouras, avait proposé, en 1876, de créer en ce point de l'Océan, dans la fosse d'Enet, un port d'escale et de refuge pour les navires de guerre et les grands transatlantiques. (1)

Ce projet, vraiment patriotique et humanitaire, a été malheureusement abandonné, mais nous espérons que les études en seront reprises, car il intéresse au plus haut point le commerce et la marine de guerre.

En attendant, que nos gouvernants veuillent donc donner satisfaction à nos pêcheurs de Fouras, qu'ils daignent s'occuper de la création, *à La Fumée*, d'un port-abri plus modeste qu'ils réclament depuis longtemps ! Ils rendront ainsi un service considérable à ces intéressants travailleurs de la mer.

Entre l'île d'Oléron et l'île d'Aix apparaît le *fort Boyard* bâti au milieu de la mer ; les étran-

---

(1) E. Allard. — Création d'un port d'escale et de refuge dans la rade de l'île d'Aix, 1876.

gers verront, en passant, ce fort qui a servi de prison à certains chefs célèbres de la Commune.

De là à l'*île d'Aix* il n'y a pas loin : on montrera aux visiteurs la maison où habita Napoléon Ier avant son départ pour l'exil.

L'*île d'Oléron*, qui fait face au littoral de Fouras, sera l'objet d'une excursion spéciale.

Les baigneurs ne manqueront pas de voir dans cette île : Boyardville, St-Georges, St-Pierre, St-Trojan, St-Denis, Dolus, etc.; ils visiteront aussi la Côte Sauvage, continuellement battue par les flots et ne présentant aux navigateurs pendant les tempêtes que des dunes inhospitalières.

Par le moyen de voitures publiques les voyageurs pourront se faire conduire dans toutes les parties principales de l'île.

VI

Ressources de Fouras pour la vie. — Viande, Légumes, Fruits, Poissons, la Chasse. — Hygiène alimentaire du baigneur. — Les poissons, les coquillages et les crustacés, comestibles de nos côtes.

Ressources de Fouras pour la vie : viande, légumes, poisson — Combien de stations maritimes sont, au point de vue des ressources pour l'alimentation, bien moins privilégiées que Fouras, malgré leur importance plus grande. On trouve ici tout ce qui est nécessaire à la vie : viande, légumes, gibiers, poissons, rien n'y manque. La viande surtout est d'excellente qualité : aux environs de Fouras, à Saint-Laurent-de-la-Prée, il existe de vastes prairies, riches en pâturages salés où l'on engraisse peut-être les plus beaux bestiaux du département. Le lait et le beurre y sont d'une richesse excessive et d'une qualité hors ligne. Trois fois par semaine des légumes frais et exquis, des fruits, des volailles arrivent sur notre marché.

La Chasse. — Les baigneurs, amateurs de la chasse, pourront eux-mêmes se procurer du gibier. Mais laissons parler à ce sujet un Parisien, disciple de saint Hubert, hôte habituel et ami de notre plage : « Le territoire de Fouras est admirablement disposé pour servir de demeure permanente ou passagère à toute espèce de gibier. Il jouit d'un rare privilège d'offrir, aux bords de la mer, une végétation riche et variée. La vigne y pousse à quelques mètres de l'Océan. Le terrain légèrement ondulé, est parsemé de petits bois de chênes verts et de bouleaux, de broussailles épaisses, de haies vives, d'ajoncs, etc. Aux abords des marais (1), les bouquets de grands arbres et les touffes de tamarin sont nombreux. La culture des terres est très variée ; ainsi, les vignobles alternent avec des champs de blé, d'avoine, de maïs, de pommes de terre, etc. Les prairies naturelles et artificielles ne manquent pas non plus. Il y a 15

---

(1) On appelle ici marais des prairies entourées de fossés.

ou 20 ans c'était le paradis du chasseur : les perdrix et les lièvres y étaient si abondants que les chasseurs étaient obligés de se modérer... Aujourd'hui la contrée est considérablement dépeuplée, malgré cela il y a encore moyen de tirer un coup de fusil....

. . . .
. . . .

» Les bords de la mer offrent, d'un autre côté, un terrain de chasse permanent et qui dispense de toute fatigue. Il n'y a qu'à s'embusquer dans un endroit convenable, un peu avant la pleine mer, et attendre : Des oiseaux de toute espèce, selon les saisons, s'offriront à vos coups. Le petit gibier de mer, comme les allouettes, les culs-blancs, les petits pluviers à collier, dit vulgairement *moineaux de mer*, passent quelquefois en bandes compactes de plusieurs centaines d'individus, de sorte qu'il n'y a qu'à tirer... On y rencontre de nombreuses variétés de chevaliers et de barges, des pluviers argentés, des maubèches, des tourne-pierres, des huîtriers ou pies de mer (oiseau qui ne fréquente pas toutes les plages et qui n'est pas à dédaigner au point de vue culinaire), de petits courlis ou *cotards*, de grands courlis, etc., etc. On trouve facilement en quelques heures le moyen de brûler trente ou quarante cartouches. » (1)

On le voit donc, le baigneur, amateur de la chasse, trouvera sur notre plage des moyens de se distraire tout en respirant l'air pur et vivifiant de la mer.

Mais revenons à notre sujet. Les étrangers auront à leur disposition des hôtels et des restaurants modestes, sans apparat, où leur seront servis des repas confortables. Ajoutons à cela que l'eau des puits remplit toutes les conditions d'une eau potable, ce qui n'est pas à dédaigner, car généralement aux bords de la mer elle n'est pas de qualité irréprochable.

Hygiène alimentaire du baigneur. — Quelques mots maintenant sur l'hygiène alimentaire du bai-

---

(1) *Pawloski*.—La Chasse illustrée, nº 13. 1880, p. 102 et 103 (1879)

gneur ; puis nous parlerons des poissons, des coquillages et des crustacés comestibles de nos côtes.

Personne n'ignore que sur le littoral l'énergie des fonctions digestives s'accroît considérablement; la sensation de la faim se fait plus vivement sentir qu'ailleurs. L'appétit augmente, l'estomac demande une plus grande quantité d'aliments; nous conseillerons aux baigneurs la modération. Combien de fois, en effet, n'avons-nous pas été appelé à soigner des indigestions, à traiter des gastralgies qui s'étaient réveillées à la suite d'une ingestion trop grande d'aliments et d'aliments nouveaux!

Autant que faire se pourra on ne changera pas le nombre des repas que l'on a l'habitude de faire. Deux bons repas et une légère collation suffisent généralement. Il est bien vrai que le moment du bain fera subir des modifications aux heures habituelles. On peut toutefois les fixer ainsi : déjeuner, entre neuf heures et midi; dîner, entre cinq heures et sept heures. Si le moment de la marée éloignait néanmoins par trop les repas, il serait bon de faire un léger goûter, deux ou trois heures avant le bain.

Les enfants qui assimilent ou digèrent promptement augmenteront le nombre de leurs repas. Il en sera de même pour les personnes affaiblies; leur état de santé les y oblige.

Afin de ne pas fatiguer l'estomac, la nourriture sera légère et modérée.

Tout le monde sait qu'il y a danger de se mettre à l'eau peu de temps après le repas; il faudra donc que la digestion soit faite avant le bain. Cela demande deux ou trois heures selon les estomacs.

Après le bain on ne devra faire un repas substantiel qu'environ deux heures après la sortie de l'eau, quand la réaction sera achevée. Ce temps sera employé à faire une promenade sur la plage. De cette manière les baigneurs éviteront des troubles de l'estomac, des douleurs de tête, etc.

De même que la faim, la soif se fait aussi vivement sentir aux bords de la mer parce que la perspiration et l'exhalation cutanées sont plus actives. Il sera bon de ne pas obéir à cette sensation et de ne pas boire outre mesure; si parfois la soif devenait trop intense, on prendrait pour la satisfaire un peu d'eau additionnée d'eau-de-vie, ou un peu de café avec de l'eau.

La pêche est la principale industrie du pays. Le nombre de chaloupes s'est tellement accru à Fouras depuis quelques années qu'il s'élève aujourd'hui à près de 70 à 80. Un marché à la criée a été établi, il s'y fait par an au moins 500,000 fr. d'affaires. Les baigneurs pourront donc se procurer selon leur goût les espèces de poissons qui leur conviendront : A la Halle ils feront leur choix.

Les Poissons, les Coquillages, voilà pour nous ce qui doit constituer la base de l'alimentation du baigneur. Quelle puissance d'action possèdent en effet sur l'organisme humain les principes iodés et chlorurés contenus dans les tissus de ces animaux! Tous les jours nous en voyons des résultats merveilleux lorsque nous considérons les habitants de nos côtes qui se nourrissent presque exclusivement des produits de leur pêche. Ne sont-il pas pleins de vigueur et de santé?

Cette alimentation, puissant auxiliaire du traitement maritime, facilite l'action résolutive exercée par les bains de mer, elle doit donc produire d'excellents résultats chez les sujets lymphatiques et scrofuleux. Que les mères de famille qui amènent leurs enfants aux bords de l'Océan laisse chez elles tous les sirops, l'huile de foie de morue et les autres préparations pharmaceutiques employées auparavant; ils en ont l'estomac saturé! Ne trouveront-ils pas là dans les aliments que la mer fournit les principes iodés et chlorurés à l'état naturel? Michelet a indiqué dans la phrase suivante le traitement et le régime que ces êtres étiolés doivent suivre: « Boire de l'eau de mer, s'y baigner et manger toute chose marine où sa vertu est concentrée (1) ».

Les poissons, les coquillages et les crustacés comestibles de nos côtes. — Le poisson et les coquillages jouent donc un rôle important dans le régime des baigneurs, ce sont des aliments sains et savoureux dont les qualités ont été van-

---

(1) Michelet. — *La Mer*, p. 353.

tées dans l'antiquité par Hippocrate et Galien. Selon Brillat-Savarin, ils conviennent à presque tous les tempéraments.

D'après les chimistes, la chair de poisson contient moins de fibrine, plus d'albumine et plus d'eau que celle du bœuf.

Parmi les poissons, il en est dont la digestion est facile; d'autres se digèrent plus difficilement et ne conviennent qu'à des estomacs solides.

Le turbot, la sole, la barbue, la plie, la limande le merlus et le merlan, le barbarin et le rouget, le grondin, le bar ou loubine, le mœuil ou mulet, la brême et la dorade peuvent être rangés parmi ceux de la première catégorie.

Le *turbot* est le meilleur de nos poisons, aussi a-t-il été surnommé, *faisan d'eau, roi des poissons*. Il s'en pêche assez abondamment sur nos côtes. Sa chair succulente est d'une digestion facile. Juvénal raconte que Domitien, empereur romain, assembla son vil sénat pour délibérer sur la façon dont devait être servi un immense turbot qu'on lui avait donné. Comme on ne trouvait pas de plat assez grand pour le contenir, il fut délibéré qu'on en ferait fabriquer un tout exprès et sur-le-champ.

La *sole* ou *perdrix de mer*, est un mets très délicat. On ne saurait s'imaginer la quantité de soles qui arrivent à la Halle, tous les jours. Les gourmets font une grande différence entre celles pêchées dans le *couraut* et celles qui viennent de *dehors*. Ils préfèrent les premières qui possèdent des qualités exceptionnelles étant d'un goût exquis. La sole frite convient à tous les estomacs ; au gratin, elle est très appétissante, mais moins facile à digérer.

La *barbue* est un excellent poisson et bon pour les estomacs délicats; on la confond quelquefois avec le turbot auquel elle ressemble et dont elle habite les mêmes parages.

Le genre *plie* comprend la plie franche et le carrelet, la limande et la plie-sole, variétés qui ont entre elles des points de ressemblance, mais qui diffèrent cependant les unes des autres par leur forme plus ou moins quadrangulaire et plus ou moins allongée. Ce poisson est encore très recherché et constitue un aliment agréable et léger. La plie de *courtine* entre dans la constitution de la fameuse chaudrée Fourasine.

Le *merlan* et le *merlus* que l'on pêche en grande abondance sur le littoral de Fouras fournissent encore une chair de facile digestion. Il en est de même du *barbarin*, du *rouget* et du *grondin*.

Dans le *bar* ou *loubine*, le *mœuil* ou *mulet*, la *brême* et la *dorade*, la chair devient un peu plus serrée et par conséquent plus nourrissante. Ces poissons sont encore très estimés et se digèrent bien. On les mange de diverses manières : grillés, bouillis, à l'huile et au vinaigre, en chaudrée, etc.

Quant aux poissons huileux, ils sont généralement d'une difficile digestion et bons seulement pour des estomacs sains et vigoureux. Nous citerons parmi les principaux ; L'*anguille* que l'on pêche en grande quantité sur nos côtes, le *congre*, le *thon* (très rare ici), le *maquereau*, l'*éperlan*, le *bourgeois* ou *ange de mer*. La chair de ces poissons formée d'un tissu dense et serré constitue une alimentation très nourrissante mais que certains estomacs ne peuvent se permettre de recevoir sans danger.

La *raie* a la chair filandreuse et dure; il en existe deux variétés : la *raie bouclée* et la *raie blanche*. En général ce poisson ne convient qu'aux gens bien portants ; cependant son foie a un goût très fin, il est très sain. La raie est très estimée des gourmets quand elle est légèrement attendue. Nous conseillerons cependant de ne pas suivre les errements de prétendus gourmets qui ne mangent ce poisson qu'arrivé à un certain degré de putréfaction. Selon nous, il en est de la raie comme des gibiers qu'on laisse faisander avant de les manger : « Rien de bien appétissant, dit Fonssagrives, et, a *priori*, dans des mets qui ajoutent à une impression olfactive désagréable, l'idée importune de ces milliers de petits êtres, ouvriers invisibles de la putréfaction et que l'on introduit dans ses organes. » *(Dict. de la santé* p. 368).

Les différentes espèces de *chiens de mer*, qui arrivent en énormes tas au marché, ont une chair filandreuse, désagréable à manger; ils servent généralement d'aliment aux populations pauvres du littoral.

Le poisson peut être soumis à une foule de préparations culinaires. La meilleure est le grillage, c'est celle que nous recommandons. La cuisson dans l'eau vient ensuite. Les poissons gras se digèrent mieux frits que bouillis. Les sauces épicées, de haut-goût devront être réservées pour des estomacs solides.

Une préparation culinaire très appréciée des gourmets et sur laquelle nous ne pouvons nous empêcher de dire un mot, est celle que l'on connaît ici sous le nom de *chaudrée*. C'est, nous croyons un mets spécial à la localité. A Fouras, il n'est pas un seul repas offert à des amis sans un plat de chaudrée. Certes, cette préparation est très appétissante. Les pêcheurs eux-mêmes l'assaisonnent très bien, et si les baigneurs veulent se payer le luxe de déguster une de ces sortes de bouillabaisse, nous leur conseillons d'aller à bord d'un de nos petits bateaux de pêche. L'agrément d'une promenade sur l'eau, l'air de la mer la rendront pour eux encore plus appétissante. Tous les estomacs me semblent capables de digérer la chaudrée faite généralement avec des poissons légers et de bon goût.

Après les poissons viennent les crustacés. La *chevrette* ou *crevette* est de tous le plus fin, le plus savoureux et le plus digestible. Il ne faut pas confondre la véritable chevrette *(Palémon à scie)* qui devient rouge par la cuisson avec le *crangon commun*. Ce petit crustacé, qu'on appelle ici *bouque*, lui ressemble en effet, mais sa chair est inférieure comme qualité. Il n'est cependant pas indigeste. L'un et l'autre se prennent en grande quantité sur notre littoral, celui-ci cependant est plus commun.

Le *homard* et la *langouste* sont très rares ici, les pêcheurs ne nous en apportent que lorsqu'ils arrivent de l'Ile-Dieu et de Belle-Isle; en revanche les *crabes* de toute espèce abondent. Ces crustacés sont généralement la source d'indigestions; ils peuvent aussi provoquer l'urticaire. Les personnes dont l'estomac est faible, celles qui sont sujettes aux maladies de la peau feront donc bien de s'abstenir d'en manger. On facilite la digestion du homard, de la langouste et des crabes, et on relève leur goût fade à l'aide d'une sauce spéciale que l'on fait avec les parties molles de la tête, les œufs, de la moutarde, des jaunes d'œufs, le tout additionné d'huile et de vinaigre et d'une grande quantité de poivre.

Les *mollusques*, d'après leur ordre de digestibilité peuvent être rangés ainsi : 1° huître, 2° palourde, 3° moules, 4° autres espèces.

L'*huître* est de tous les coquillages le plus facile à digérer. L'histoire suivante de Brillat-Savarin le démontre assez : « En 1798, dit-il, j'étais à Versailles en qualité de commissaire du Directoire, et j'avais des relations assez fréquentes avec le sieur Laporte, greffier du département ; il était grand amateur d'huîtres et se plaignait de n'en avoir jamais mangé à satiété, ou comme il le disait *tout son saoul*. Je résolus de lui procurer cette satisfaction, et à cet effet, je l'invitais à dîner avec moi le lendemain. Il vint : je lui tins compagnie jusqu'à la treizième douzaine, après quoi je le laissai aller seul. Il alla ainsi jusqu'à la trente-deuxième douzaine, c'est-à-dire pendant plus d'une heure, car l'ouvreuse n'était pas bien habile. Cependant, j'étais dans l'inaction, et comme c'est à table qu'elle est vraiment pénible, j'arrêtai mon convive au moment où il était le plus en train : « Mon cher, lui dis-je, votre destin n'est pas de manger aujourd'hui votre *saoul* d'huîtres : Dînons. » Nous dînâmes, et il se comporta avec la vigueur et la tenue d'un homme qui aurait été à jeun. »

L'huître n'est pas seulement un aliment savoureux, c'est aussi un médicament, mais un médicament agréable à prendre. L'eau salée qu'elle contient stimule l'estomac, excite l'appétit. On a conseillé l'huître dans certaines dispepsies et dans d'autres affections chroniques des voies digestives. L'iode et le chlorure de sodium qu'elle contient lui donnent aussi des propriétés reconstituantes et toniques. Cela démontre suffisamment l'utilité de son emploi chez les personnes faibles, les enfants lymphatiques ou scrofuleux.

A Fouras, on mange l'*huître commune* que l'on cultive dans des parcs situés sur le rocher d'Enet.

Quoiqu'elle n'ait pas la viridité de l'huître de Marennes elle n'en est pas moins de bonne qualité. Il est même certains gourmets qui préfèrent l'huître ordinaire à l'huître verte.

Depuis quelques années une autre espèce d'huître a envahi les rochers : l'huître de Portugal de qualité inférieure à la première. On en exporte des quantités considérables. Du reste, dans nos eaux, ce coquillage s'est transformé, son goût est devenu meilleur. Quoiqu'il en soit, il se digère moins facilement que l'huître commune ; nous avons observé des cas d'indigestion à la suite d'une ingestion même minime de ce coquillage.

Les *palourdes*, qui vivent cachées dans le sable, sont, après l'huître, d'excellents coquillages contenant aussi beaucoup d'eau salée. Tous les estomacs digèrent la palourde. On peut la permettre aux dyspeptiques.

Les *moules* se pêchent encore en grande quantité sur les rochers d'Enet où, serrées les unes contre les autres, elles forment comme de vastes champs. En général ce mollusque a le goût très fin ; mais il ne faut pas en manger en trop grande quantité ; il deviendrait indigeste.

A certaines époques de l'année, les moules peuvent occasionner des accidents et même une sorte d'empoisonnement s'accompagnant de fièvre, d'urticaire, de coliques, de vomissements, de diarrhée et même de crampes. Nous avons été plusieurs fois témoin de faits de ce genre. Cela s'est même présenté dans notre famille où nous avons eu une nuit sept personnes à soigner. On combat les accidents occasionnés par les moules par l'emploi d'un vomitif au début, puis on donne un peu de thé additionné de quelques gouttes de laudanum, d'éther et d'eau de fleurs d'oranger.

D'après Fonssagrives, les personnes qui doivent s'abstenir de manger des moules se rangent dans les catégories suivantes : 1º les asthmatiques; il y a une relation fréquente entre l'asthme et les maladies de la peau ; 2º les personnes sujettes à l'urticaire; 3º celles qui ont éprouvé, à un degré quelconque, des accidents à la suite de l'ingestion de cet aliment (1). Nous ne croyons pas que cette

---

(1) Fonssagrives. Dictionnaire de la santé. Art. moules.

susceptibilité, quand elle s'est montrée, devienne définitive. Nous avons vu des personnes qui, ayant eu déjà des symptômes d'empoisonnement, ont pu manger une seconde fois des moules sans éprouver les mêmes accidents.

Les autres espèces de coquillages sont d'une digestion plus difficile. Par exemple, les *coquilles Saint-Jacques*, pétoncles à côtes rondes que l'on mange dans la coquille, après les avoir farcies et assaisonnées de condiments divers, sont difficiles à digérer. Les estomacs malades ou délicats feront bien de s'en abstenir. Enfin citons encore la *pétoncle* ordinaire, le *sourdon* que l'on vend à Paris sous le nom de *coque*. Ceux-ci sont plus digestifs que les coquilles Saint-Jacques.

Les *patelles* ou *jambes* sont des coquillages qui adhèrent intimement aux rochers; on ne peut facilement les détacher qu'avec un couteau. C'est un mets coriace, bon seulement pour des estomacs sains et que l'on mange cru, à la vinaigrette. Les *guignettes*, *vignots* ou *bigorneaux* constituent un aliment très indigeste à cause de la dureté de la chair. La quantité de sel dont sont imprégnés ces coquillages leur donne un goût agréable et des propriétés apéritives. On les mange bouillis. Il faut, pour les extraire de la coquille, se servir d'une épingle ; cela demande un tour de main spécial que les habitants du littoral attrapent très bien.

Le *manche de couteau* ou *solen* est un mollusque acéphale testacé qui vit enfoncé dans le sable. On reconnaît sa présence à un petit trou par où s'échappent des bulles d'air. Pour le prendre on met sur le trou quelques grains de sel : il remonte à la surface et alors, avec une pelle, on l'empêche de regagner sa retraite d'où il ne sortirait plus. Ce mollusque possède une chair coriace et indigeste.

Enfin les mollusques céphalopodes parmi lesquels nous trouvons les *poulpes*, les *Calmars* (*encornet*) et les *seiches* ont une chair dure et peu savoureuse. Ils ne conviennent qu'à des estomacs bien constitués. Ces animaux se mangent frits ou assaisonnés à des sauces de haut goût. La chaudrée de seiche et de *casseron* est un plat que l'on sert beaucoup à Fouras et qui est très apprécié des gourmets.

TABLE DES MATIÈRES

	pages
Avant-Propos	5 et 6
I. Fouras. — Sa situation. — Origine de son nom. — Son histoire	
II. Les plages et les établissements de bain. — Sûreté des plages. — Température de l'eau. — Plage d'enfants	7 à 16
III. Quelques mots sur l'action de l'eau de mer. — Indications des bains de mer de Fouras. — Contre-indication des bains de mer en général. — Des bains chauds. — Des bains de sable : leur emploi thérapeutique . .	25 à 52
IV. Règles a suivre sur la manière de prendre un bain de mer. — Costume. — Heure du bain. — Manière de prendre un bain. Précautions à prendre pour favoriser la réaction	53 à 56

V. Agréments, distractions. — Le Casino et son parc. — Promenade, Excursions, Promenade en mer sur la rade, Visite à l'île d'Aix, l'île d'Oleron, l'île de Ré, etc. . . . .

VI. Ressources de Fouras pour la vie : Viande, légumes, fruits, poissons. — La chasse. Hygiène alimentaire du baigneur. — Les Poissons, les Coquillages et les Crustacés comestibles de nos côtes . . . . . . 66 à 8?

Imp. A. Chiron, Niort.

ANNUAIRE LOCAL

Adresses et Renseignements

ADMINISTRATION MUNICIPALE

MAIRIE. — Place Vauban.
MAIRE. — M. Boutiron.
ADJOINT. — M. Cristin, Prosper.
SECRÉTAIRE DE LA MAIRIE. — M. *Jacques*. Bureau ouvert de 8 h. à 11 h. du matin et de 1 h. à 4 h. du soir ; fermé les dimanches et jours fériés.

ADMINISTRATIONS DIVERSES

POSTE & TÉLÉGRAPHE. RECEVEUSE. — M*me* *Rocheron*, rue de la Poste, 4. *Bureau ouvert*, pendant l'hiver, de 8 h. du matin à midi et de 2 h. du soir à 7 h. ; pendant l'été toute la journée. DISTRIBUTION DES CORRESPONDANCES : 2 fois par jour pendant l'hiver, 3 fois pendant la saison des bains.

GENDARMERIE. — Au Fort de Fouras.

DOUANES. — RECEVEUR : M. *Grégoire*, boulevard Eug. Allard, 8. Bureau ouvert de 7 h. à 11 h. du matin et de 2 h. à 5 h. du soir.

SYNDICAT DE LA MARINE. — SYNDIC : M. *Bauret*, boulevard des deux ports, 90.

SERVICE RELIGIEUX. — CULTE CATHOLIQUE, curé, M. *J. Forgerit*. Messes basses tous les jours de 5 h. à 9 h. pendant les bains ; grand'messe le dimanche à 10 heures.

CULTE PROTESTANT : M. *Laroche*, pasteur de Rochefort, habite Fouras pendant l'été, avenue du Cadoret, 8.

SERVICE DU PORT. Maître de port, M. *F. Bégaud*, rue Bellot, 5.

Écoles Communales. Rue de l'Eglise (Place Saint-Gaudence). — École de Garçons : Directeur, M. *Denis*; instituteurs-adjoints : MM. *Clerc* et *Theule*.

École de Filles : Directrice, Mme *Pallagallo*, institutrice-adjointe, Mlle *Chauvet*.

École enfantine, boulevard des Deux Ports; institutrice, Mme *Berger*.

SOCIÉTÉS DIVERSES

Société des Régates. — Président, M. *J. Maillet*, rue des Fonderies, 8, à Rochefort; vice-présidents, MM. *G. Williamson* et *Raoul Maurin*.

La Lyre Fourasine. — Concerts tous les dimanches pendant la saison des bains. Président, M. *Gaillard René*; chef de musique, M. *Taffin*.

Société des Fêtes de la Plage. — Président, M. *A. Bert*; vice-président, M. *Fradeau*.

Société de Secours Mutuels. — Président, M. *G. Bugeau*; vice-président, M. *Bonnaud*.

ADRESSES UTILES

Médecin. — Dr *E. Boutiron*, rue de la Plage, 24, en face l'Hôtel des Bains.

Pharmacien. — M. *Grassian*, pharmacie de la Plage, place Vauban.

Sages-Femmes. — Mme *Augé*, rue de la Plage, 10; Mme *Caud*, rue du Treuil-Bussac, 50.

Géomètre-Arpenteur. — M. *Jacques*, rue de la Fée du Bois, 9.

École libre élémentaire. — Institutrice, Mlle *Brocas*, rue Amiral-Juin, 12.

Professeur de piano. — Mme *H. Bertin*, boulevard des Deux-Ports, 63.

Voitures. — Station de voitures avenue du Casino; voitures pour promenades au Casino et dans les Hôtels.

Service de bateaux pour l'Ile d'Aix. — Bureau: café du Commerce, rue de la Plage, 20.

Bateaux pour promenades en mer. — Patrons: M. *Brun*, rue Amiral-Juin, 10; M. *Michel Noël*, rue du Bois Vert, 8; M. *Marchais*, du Treuil-Bussac, 26.

Loueur d'ânes et de voitures. — M. *Drapeau*, avenue du Casino.

Afficheur public — M. *Benais*, boulevard Eug. Allard, 54.

BAINS DE MER. — BAINS CHAUDS HYDROTHÉRAPIE MARINE.

Etablissements de la plage ouest. — Propriétaires, M. *Victor Texier* (Bains chauds de mer et d'eau douce); M. *Lardeux* (Bains chauds de mer et d'eau douce); M. *Armand* (Bains de la Concurrence).

Etablissement de la plage de la Garenne. — Propriétaire : Mme *Méchin*.

ADMINISTRATION DU CASINO

Directeur-général : M. *Victor Gasser*, (Parc du Bois-Vert).

HOTELS ET CAFÉS

Grand Hotel des Bains. — Propriétaire, M. *Mion*, rue de la Plage, 15.

Hotel de l'Océan. — Propriétaire, M. *Chaigneau*, avenue du Casino.

Grand Café de la Promenade. — Propriétaire : M. *Doron*, avenue du Casino.

Café-Restaurant du Casino. — M. *Ronneau*, dans le Parc.

Café-Restaurant du Commerce. — Propriétaire, M. *Fradeau*, rue de la Plage, 20.

Café d'Eté. — Propriétaire, M. *B. Caillaud*, rue de la Plage.

GRAND CAFÉ DE L'AVENUE. — Propriétaire, M. *David*, boulevard Eug. Allard, 38.

CAFÉ FRANÇAIS. — Propriétaire, M. *Bouteiller*, avenue de la Gare, 1.

INDUSTRIE ET COMMERCE

BOULANGERS. — M. *Chaussat*, rue de la Plage, 17; — M. *Depenne*, rue de la Halle, 71 ; — M. *Yvonnet*, rue du Treuil-Bussac, 1 ; — *Société de Panification* rue du Treuil-Bussac, 35, président : M. Saint-Cyrgue.

PATISSIERS. — M. *Arnoux*, rue de l'Eglise, 11 ; — M. *Bernard*, rue de la Plage, 9 et rue de la Halle, 12.

EPICIERS. — M. *Méthéreau-Ramade*, rue de la Halle, 42 ; — M. *Bernard*, rues de la Plage et de la Halle, 9 et 12 ; M. *Arnoux*, rue de l'Eglise ; — M. *A. Baud* (épicerie parisienne), face au Marché ; — M. *Guimbard*, place de la République.

BOUCHERS. — M. *Bégaud*, rue de la Halle, 14 ; — M. *Ballanger*, rue Nadeau, 12 ; — M. *A*.

CHARCUTIER. — M. *Moreau*, rue de la Plage, 11.

VINS ET SPIRITUEUX. — M. *David*, boulevard Eug. Allard, 28 ; — M. *Robert*, rue Villaret-Joyeuse, 9 ; — M. *Barrère*, rue de l'Eglise, 35.

EAUX GAZEUSES (fabrique d') ENTREPOT DE BIÈRE. — M. *A. Sirouet*, avenue du Casino.

EXPÉDITEURS DE MARÉE. — MARCHANDS DE POISSONS. — OSTRÉICULTEURS. — M. *Begaud Felix*, rue de la Halle, 37 ; — M. *Tenailleau*, rue du Port-Nord (villa Les Flots) ; — M. *L'Herm*, ostréiculteur, avenue de la Gare, 7 ; M. *Patinet*, ostréiculteur, quai Nord.

ENTREPRENEURS DE MAÇONNERIE ET DE TRAVAUX PUBLICS. — M. *Rousseau*, place d'Aquitaine, 9 ; — MM. *Niort* et *Pageaud*, rue de la Plage, 25 ; — M. *Mazière*, boulevard des Deux-Ports, (villa Les Platanes) ; — MM. *Chatelet frères*, boulevard des Deux-Ports, 81 ; — M. *Bonnin*, boulevard des Deux-**Ports, 80.**

Entrepreneurs de charpente et menuiserie. Meubles. — M. *Texier Jules*, rue de la Coue, 9 ; — M. *Pascalon*, rue Vauban, 36 ; — M. *Texier Émile*, boulevard Eug. Allard, 25 ; — M. *Testaud Jules*, boulevard Eug. Allard, 22.

Bois de construction. — M. *Chandeau* fils, magasins au Port-Nord.

Forgerons — M. *Roy*, rue du Treuil-Bussac, 23; — M. *Bobineau*, rue du Treuil-Bussac, 44.

Serruriers en tous genres. — M. *Gauffier*, rue Villaret-Joyeuse, 11 ; — M. *Marrot*, rue de la Halle, 44.

Charrons-Forgerons. — M. *Allier*, rue du Treuil-Bussac, 52.

Peintres et Vitriers. — M. *Bourret*, rue de l'Eglise 18 ; — Mme Ve *Moulin*, rue de la Halle, 69 ; — M. *Rouyé*, boulevard des Deux-Ports, 29 ; — M. *Chauvière*, rue de la Poste (villa Louise).

Ferblantiers, Plombiers, Quincailliers. — M. *Fontan*, rue de la Plage, 18 ; M. *Rabusseau*, rue de la Halle, 52.

Bazars. — M. *Thineau*, rue du Treuil-Bussac, 2 ; — Mlle *Moreau*, avenue du Casino et boulevard Eug. Allard.

Tabacs. — M. *Gacon*, receveur-buraliste, rue de la Plage, 13 (bureau de la régie) ; — M. *Daffis*, avenue de la Gare, 1 ter.

Journaux. Libraires. — Mme Ve *Rouyé*, boulevard des Deux-Ports, 29 (kiosque avenue du Casino) ; — M. *Daffis*, avenue de la Gare, 1 ter.

Perruquiers-Coiffeurs. — M. *Laporte*, rue de la Plage, 30 ; — M. *Rochet*, avenue de la Gare, 1 bis; — M. *Massé*, rue de la Halle, 50.

Horloger-Bijoutier. — M. *Guibert*, boulevard des Deux-Ports, 73.

Tailleur à façon. — M. *Riffaud*, boulevard des Deux-Ports, 53.

CORDONNIERS. — M. *Bertranet*, rue de la Halle, 38 ; — M. *Francot*, rue de la Halle, 55.

CHAUSSURES. SABOTTERIE. — M. *Berthonnière*, rue de la Plage, 28 ; — M. *Méthéreau*, rue de la Halle, 42.

MODES. NOUVEAUTÉS. MERCERIE. COSTUMES DE BAINS. — Mme *Broy*, rue de la Halle, 35 ; — M. *Méthéreau-Ramade*, rue de la Halle, 42 ; — Mme *Marcorelle*, rues de la Plage et de l'Eglise.

COUTURIÈRES-TAILLEUSES POUR DAMES. — Mme *Seguin*, port de la Coue ; — Mlle *Cotonnet*, avenue Paul Bethmont.

LINGÈRES. BLANCHISSEUSES. — Mme Ve *Goulard*, rue Villaret-Joyeuse, 3 ; — Mme Ve *Renaud*, rue du Port-Nord (villa des Acacias) ; — Mme *Rivet*, boulevard des Deux-Ports, 83 ; — Mme *Pigeonnier*, rue Girodet, 6.

CORDERIE. FILETS DE PÊCHE. — M. *Mimaud*, rue de l'Eglise, 28 ; — M. *Armand*, rue de l'Eglise.

JARDINIER, FLEURISTE, HORTICULTEUR. — M. *Asernal*, rue de la Halle, 36.

CHARBON ET CHAUFFAGE EN TOUS GENRES. — Maison *Proust*, rue de la Poste, 20.

CAMIONNAGE ET TRANSPORT DE BAGAGES. — M. *Arnoux*, rue de l'Eglise (correspondance des chemins de fer de l'Etat) ; — Mme *Belestá*, avenue Paul Bethmont, en face la Gare.

COMMISSIONNAIRE QUOTIDIEN POUR ROCHEFORT. — M. *H. Gouband*, rue de la Poste, 32.

AGENCE DE LOCATIONS. — M. *Ed. Doron*, café de la Promenade, avenue du Casino.

USINE A GAZ. FABRIQUE DE GLACE. — Directeur M. *Jouanne*, ingénieur des arts et manufactures ; sous-Directeur : M. *Partier*, au Port de la Coue.

USINE A GAZ
ET FABRIQUE DE GLACE
DE FOURAS

Coke tout-venant pris à l'usine, les cent kilos 3.60
   »   cassé   »   »   4.00
Charbon pour foyers   »   »   3.00
Goudron au détail   le kilo   0.10
   »   par cent kilogs pris à l'usine   6 00

GLACE pure, fabriquée à l'eau distillée pour rafraîchir les boissons, le kilo   0.20

GRAND CAFÉ DE LA PROMENADE
FOURAS. — Avenue du Casino. — FOURAS

Rendez vous des cyclistes. — Pompes et accessoires de réparations pour machines.

Etablissement de 1er ordre spécialement recommandé. — Salle de billard au 1er.

Soupers froids.

ED. DORON, Propriétaire.

Membre du Touring-Club de France et des Sociétés vélocipédiques Rochefortaises.

Succursale du café de Paris à Rochefort. — LOCATION DE VILLAS.

CASINO DE FOURAS

DANS LE MAGNIFIQUE PARC DU BOIS-VERT

Situation unique sur le littoral.

15 hectares de bois de chênes-verts entre deux plages

Dr GÉNÉRAL : M. Victor GASSER, chef-d'orchestre

Concert tous les jours, à **4 heures**.
Grands Bals, les jeudis et dimanches.
Bals d'Enfants, les mercredis, à 3 heures.

Concerts et soirées dansantes lorsqu'il n'y a pas de spectacle.

THÉATRE DU CASINO

Opéras-bouffes, Opéras-comiques.
CHEF-D'ORCHESTRE : M. **V. GASSER**, de la *Société des Concerts du Concervatoire.*

CERCLE

Salon de lecture. — Jeux de petits chevaux. — Salle d'escrime. — Pianos

CAFÉ-RESTAURANT

Écuries et remises. — Chevaux de selle. — Voitures pour promenades.

TARIF DES ABONNEMENTS

POUR LA SAISON ENTIÈRE (Théâtre compris)

Une personne .... **60 fr.**
Deux personnes de la même famille .. **85 —**
Chaque personne en plus de deux .. **25 —**

Mois de Juillet

	7 jours	15 jours
Une personne	7 fr.	14 fr.
Par famille (*) { De 2 personnes ..	12	24
Par chaque personne en plus de deux ...	3	4

Du 1er août au 15 Septembre

	7 jours	15 jours	1 Mois	1 Mois 1/2
Une personne	12 fr.	21 fr.	35 fr.	50 fr.
Par famille (*) { de 2 personnes	21	35	55	80
Par chaq. personnes en plus de deux	7	10	15	18

Les enfants paient places entières au Théâtre

Le prix de l'abonnement **donne droit** aux **représentations Théâtrales**, ainsi qu'aux fauteuils vacants ou non loués.

Des fauteuils numérotés peuvent être réservés moyennant une location de 0 fr. 50 par place

---

PRIX D'ENTRÉE pour les PERSONNES NON ABONNÉES

De 8 h. du matin à 7 h. du soir.	» fr. 50 p. pers.
A partir de 6 heures du soir ...	1 » » —
Dimanches et fêtes. { le jour.	» 50 —
{ le soir.	2 50 —
Grands Bals du jeudi	1 50 —
Tickets val. p. le jour et la soirée { Dim. et Fêtes	2 » » —
{ sem. jeudi exepté	1 » » —
{ Jeudi	1 50 —
Théâtre	3 » » —

Entrée au Casino **gratuite** pour les enfants au-dessous de 6 ans, excepté au Théâtre, où ils paient place entière.

(*) On entend par famille : père, mère et enfants non mariés âgés de moins de 25 ans.

FERBLANTERIE, ZINGUERIE, TOLERIE, QUINCAILLERIE
Couvertures en Zinc et Ardoises

ARTICLES de MÉNAGE **RABUSSEAU** TRAVAUX de BATIMENTS

FOURAS-les-BAINS (CHARENTE-INFÉRIEURE)

Vente de produits chimiques pour la vigne. — Bouillie instantanée. — Eclair V. Vermorel. — Pose de grillages-bois et fil de fer galvanisé pour clôtures, Fil de fer pour la vigne, piquets de chataîgnier et échalas.

GRANDE EPICERIE DE FOURAS
H. ARNOUX-CANTINEAU
11, RUE DE L'EGLISE

Pâtisserie, Vins, Bois, Charbon, Fourrages. — Correspondance des chemins de fer de l'Etat. — Omnibus à tous les trains. — Camionnage de Grande et Petite vitesse. — Voitures de place à volonté pour excursions et pour la pointe de la Fumée.

EPICERIE, MERCERIE, ROUENNÉRIE
Bonnetterie et Blanc.

Faïence, Verrerie, Vannerie, Coutellerie, Chaussures

RAMADE-MÉTHÉREAU
Rue de la Halle, près le Marché

FOURAS-les-BAINS (CHARENTE-INFÉRIEURE)

Commission-Exportation. — Gros et Détail

HUÎTRES
De toutes provenances
PALOURDES ET COQUILLAGES DIVERS
G. PATINET, Négociant-Éleveur
Au Port Nord, à Fouras-les-Bains (Ch^{te}-Inf^{re})

Succursales et Dépôts : { Rue des Halles et sur le Marché.

EXPÉDITION DE PETITS COLIS
Prix et contenance de chaque colis, Franco à domicile :

75 grosses ou 100 moyennes : Huîtres de Marennes vertes ou blanches . . .	6
100 ordinaires : Huîtres de Marennes vertes ou blanches	5
70 gr. ou 100 moy. Portugaises parquées	3 50

La maison fait ouvrir et porter à domicile en ville, à Fouras, les huîtres aux clients qui le désirent.

GRAND BAZAR DE L'INDUSTRIE
*Coin du boulevard Allard et de l'avenue du Casino.
Entrée et sortie sur les deux voies*

Cette maison se recommande par le grand assortiment et le bon marché de ses articles. Articles de Ménage, émaillé, fer battu et faïence — Brosses, Tapis et Paillasson. — Coutellerie. — Papeterie. — Parfumerie. — Vannerie en tous genres. — *Chaussures bain de Mer,* caoutchouc et espadrilles. — *Costumes de bains* pour hommes — Jouets et *Articles de plage.* — Chapellerie. — Articles de fantaisie et souvenirs de Fouras, etc., etc.

GRAND HOTEL DES BAINS Rue de la Plage, 15,

MION, Propriétaire.

Vue sur la mer

Nouvellement agrandi et réparé à neuf. — Offre à tous les voyageurs, baigneurs et touristes, tous les avantages désirables. — 35 chambres — salon de famille et piano. — 6 à 8 francs par jour (déjeuner, dîner, chambre). — Omnibus à tous les trains.

A LA LUNE DE FOURAS

GROS et DÉTAIL **E. BERTHONNIÈRE** Fabrique de sabots et Galoches en tous genres

Spécialité de sabots clos. — Fabrication agencée de façon spéciale. — Magasins de chaussures. — Article de 1er choix. — Chaussures de Niort. — Articles de Limoges, Blois et des Bords de la Loire.

Spécialité d'articles de bains de mer provenant des premières maisons de fabrication.

Article de confiance et de bon marché, la maison n'ayant pas de frais généraux.

PHARMACIE DE LA PLAGE
Place Vauban

ELIXIR DE STANLEY

Très utile pour favoriser la **réaction** *après un bain de mer*, cet élixir rétablit les *forces*, l'*appétit* et les *digestions* et s'emploie aussi avec succès dans le *lymphatisme*, la *chlorose*, l'*anémie*, la *convalescence*, etc.

HEURES DES MARÉES

Dates	Juillet		Août		Septem^{re}	
	mat.	soir	mat.	soir	mat.	soir
1	7 21	7 43	7 52	8 17	8 48	9 33
2	8 5	8 30	8 42	9 13	10 18	11 6
3	8 56	9 23	9 44	10 22	11 54	—
4	9 51	10 20	10 59	11 33	0 29	1 5
5	10 51	11 23	—	0 17	1 33	2 1
6	11 54	—	0 49	1 21	2 24	2 48
7	0 23	0 52	1 47	2 13	3 9	3 30
8	1 16	1 41	2 37	3 1	3 50	4 11
9	2 4	2 28	3 24	3 48	4 31	4 52
10	2 49	3 10	3 10	4 31	5 13	5 34
11	3 32	3 54	4 52	5 13	5 56	6 17
12	4 16	4 39	5 34	5 55	6 39	7 2
13	5 2	5 26	5 17	6 40	7 28	7 54
14	5 50	6 14	6 2	7 25	8 27	9 0
15	6 38	7 2	7 51	8 18	9 44	10 29
16	7 26	7 51	8 49	9 21	11 15	—
17	8 17	8 44	10 2	10 42	0 2	0 34
18	9 15	9 47	11 26	—	1 7	1 30
19	10 22	10 57	0 11	0 46	1 53	1 9
20	11 35	—	1 21	1 46	2 26	2 42
21	0 13	0 49	2 12	2 32	2 38	2 13
22	1 25	1 53	2 51	3 8	3 29	3 44
23	2 21	2 46	3 25	3 41	3 59	3 10
24	3 10	3 31	3 58	4 14	4 21	4 35
25	3 51	4 10	4 30	4 45	4 49	4 5
26	4 29	4 45	5 0	5 15	5 21	5 37
27	5 00	5 15	5 30	5 44	5 53	5 9
28	5 30	5 45	5 59	6 14	6 25	6 47
29	6 3	6 20	6 29	6 45	7 9	7 41
30	6 38	6 56	7 2	7 23	8 13	8 1
31	7 10	7 33	7 45	8 16		

CHEMINS DE FER DE L'ÉTAT
Service d'été à partir du 1er Juillet 1896

Rochefort, La Rochelle à Fouras et Retour

	1 581 matin	1 583 matin	391 matin	2 Di· et Fêtes	589 matin	1 585 soir	587 soir	1 597 soir	593 soir	599 soir	595 soir
Rochefort..d.	»	7.	8.04	8.19	9.57	1.28	3.25	5.24	6.53	7.40	8.38
La Rochelle.d.	4.50	6.43	»	»	9.35	1.17	3.	»	»	»	»
Fouras-gare. a.	5.40	7.35	8.45	8.45	10.30	2.05	4.05	5.57	7.30	8.09	9.10
Fouras-Casino	»	»	»	»	10.38	2.13	4.13	6.05	7.38	8.17	9.18

	3 590 matin	1 592 matin	1 580 matin	584 matin	1 588 soir	594 soir	1 592 soir	593 soir	596 soir	4 586
Fouras-Casino	»	»	»	»	»	3.15	5.13	6.45	8.25	minuit
Fouras-Gare d.	5.07	7.	8.04	9.53	1.25	3.23	5.22	6.53	8.33	minuit 05
La Rochelle a.	6.13	»	8.54	10.45	2.31	4.34	6.19	7.45	9.27	minuit 58
Rochefort..a.	5.36	7.30	9.30	10.31	»	4.	6.07	7.26	9.14	minuit 30

1. Les trains Nos 580, 581, 582, 583, 585, 588, 592 et 597 n'ont lieu que jusqu'au 30 septembre *inclus*.
2. Le train partant de Rochefort à 8 h. 19 du matin n'a lieu entre Rochefort et St-Laurent de la Prée que les dimanches et jours de fêtes seulement du 5 juillet au 30 septembre.
3. Le train N° 590 entre St-Laurent de la Prée et La Rochelle n'a lieu que jusqu'au 30 sept. *inclus*.
4. Le train N° 586 partant de *Fouras-Casino* à minuit a lieu *tous les jours du 14 juillet au 30 septembre* pour Rochefort et La Rochelle.

Halte de Fouras-casino. — A partir de 10 h. du matin tous les trains à destination de *Fouras-Gare* amènent les voyageurs *jusqu'au Casino*, sans supplément de prix et *vice versâ*.

Trains directs de *Fouras à Paris* et *vice-versa* sans *changement* de voitures.

Fouras à Paris

	matin	soir
Fouras.....	9.53	8 33
Rochefort...	10.31	9.14
La Rochelle.	10 45	9.27
Thouars....	2.33	min.54
Mont.-Bellay	2.57	»
Paris-Monte.	s8.50	m6.50

Paris à Fouras

	matin	soir
Paris-Monte	8.20	9.30
Saumur...	s1.54	m2.46
Thouars...	2.37	3.25
La Rochelle	6.22	6.36
Rochefort..	6.23	6.43
Fouras....	7.30	7.35

Fouras à Bordeaux

	matin	matin	soir	soir	soir
Fouras......	5.07	7.	3.23	6.53	8.33
Rochefort...	5.36	7.30	4.	7.26	9.14
Saintes......	6.43	8.39	5.33	8.41	11.14
Jonsac......	7.54	9.55	7.56	9.50	m1.42
Bordeaux....	9.28	11.58	10.20	11.27	4.31

Bordeaux à Fouras

	matin	matin	
Bordeaux.....	5.40	10.20	mid.20
Jonzac.......	7.30	mid.40	2.43
Saintes......	8.36	s1.52	4.13
Rochefort....	9.51	3.15	6.08
Fouras......	10.30	4.05	s7.30

Fouras, Saintes, Cognac, Angoulême Limoges

	matin	matin	soir
Fouras	5.07	7.	3.23
Rochefort	5.36	7.30	4.
Saintes	6.43	8.47	5.33
Cognac	7.56	11.36	7.12
Angoulême	9.09	s1.34	8.51
Limoges	s2.34	1.59	

Limoges, Angoulême, Cognac, Saintes Fouras

	matin	matin	matin	
Limoges	»	5.02	7.26	mid,58
Angoulême	4.32	8.12	10.31	3.31
Cognac	5.54	10.08	s1.44	5.42
Saintes	6.44	10.55	2.53	6.34
Rochefort	7.57	mid.17	6.17	8.32
Fouras	8.45	s2.05	7.30	9.10

Fouras à Poitiers

	matin	matin	matin	soir
Fouras	5.07	7.	9.53	5.22
Rochefort	5.44	8.17	11.01	6.30
La Rochelle	5.40	8.20	11.10	6.30
Niort	7.42	10.20	s2.20	8.17
Poitiers	10.07	mid.20	4.39	10.57

Poitiers à Fouras

	matin	matin	soir
Poitiers	2.29	8.15	2.16
Niort	4.18	10.19	4.12
La Rochelle	6.36	mid.58	6.22
Rochefort	6.43	s1.02	6.23
Fouras	7.35	2.05	7.38

Chemins de Fer de l'État

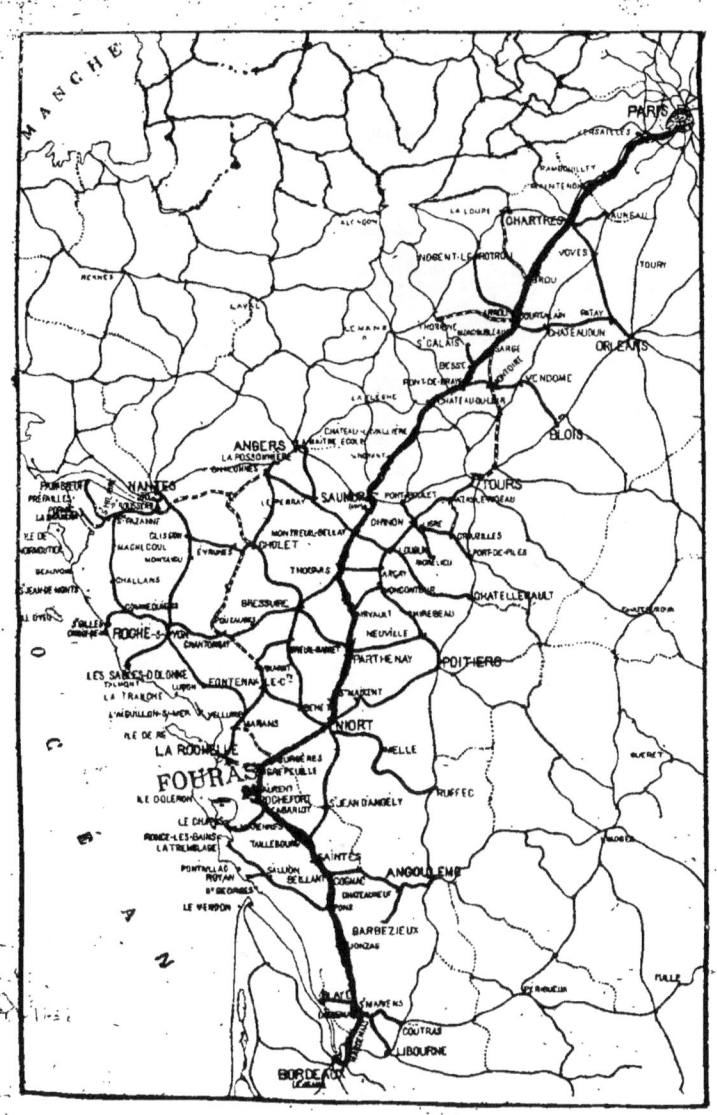

LIGNE DE PARIS A FOURAS. — Trajet direct par «**Voitures spéciales**» au départ de Paris.
Halte de **Fouras casino**. — A partir de 11 heures du matin, tous les trains à destination de **Fouras gare** amènent les voyageurs jusqu'au casino, sans supplément de prix et vice-versa.

www.ingramcontent.com/pod-product-compliance
Lightning Source LLC
Chambersburg PA
CBHW070259100426
42743CB00011B/2269